Esther Debus · Millî Gazete

ISLAMKUNDLICHE UNTERSUCHUNGEN · BAND 95

herausgegeben von
Klaus Schwarz

KLAUS SCHWARZ VERLAG · BERLIN

ISLAMKUNDLICHE UNTERSUCHUNGEN · BAND 95

Esther Debus

Die islamisch-rechtlichen Auskünfte der Millî Gazete im Rahmen des „Fetwa-Wesen" der Türkischen Republik

KLAUS SCHWARZ VERLAG · BERLIN · 1984

Alle Rechte vorbehalten.
Ohne ausdrückliche Genehmigung des Verlages
ist es nicht gestattet, das Werk oder einzelne Teile daraus
nachzudrucken oder zu vervielfältigen.

© Dr. Klaus Schwarz, Berlin 1984
ISBN 3-922968-40-6
Druck: aku-Fotodruck GmbH, Eckbertstr. 19, 8600 Bamberg

INHALT

EINLEITUNG	1
GESCHICHTE UND FUNKTION DER FETWA IM ISLAMISCHEN RECHT	3
"FETWAS" IN DER LAIZISTISCHEN TÜRKEI	11
MİLLÎ GAZETE UND NATIONALE HEILSPARTEI	18
DIE ISLAMISCH-RECHTLICHEN AUSKÜNFTE DER MILLI GAZETE	24
Die Fragesteller	25
Fragetypen	27
Der Redaktor	27
Die Quellen	28
Themenbereiche der Rechtsauskünfte	31
1.1 Glaubensfragen	33
1.2 Fragen zum Fiqh	34
2. Kultische Pflichten	37
2.1 Gebet	37
2.2 Rituelle Waschungen	38
2.3 Wallfahrt	40
2.4 Fasten	40
2.5 Almosen	41
3.1 Eheschließung	43
3.2 Scheidung	45
3.3 Familie und Kindererziehung	48
3.4 Frauenfragen	49
3.5 Geburtenkontrolle	51
3.6 Erbschaft	52
4. Strafrecht	53

5.	Wirtschaft	56
5.1	Zinsen	57
5.2	Handel	58
5.3	Steuern	59
5.4	Verträge und Obligationen	60
6.	Speise- und Kleidungsvorschriften u.a.	63
6.1	Alkoholische Getränke	63
6.2	Tabak	65
6.3	Bilder	66
6.4	Kleidung, Haar- und Barttracht	67
6.5	Speise- und Schlachtvorschriften	69
6.6	Spiele und Freizeit	71
7.1	Philosophie und Wissenschaft	73
7.2	Islamische Mystik, Derwischwesen	75
8.1	Sitte und Brauchtum	78
8.2	Volksglaube und Magie	80
9.1	Beziehungen zu Nichtmuslimen	83
9.2	Islamisches Staats- und Völkerrecht	86
Zusammenfassung		90
DAS WELTBILD DER "FIKIH KÖŞESİ"		92
ABSCHLIESSENDE BEMERKUNGEN		96
ANMERKUNGEN		100
BIBLIOGRAPHIE		128
REGISTER		132

Vorliegende Arbeit - von der Universität München im April 1983 als Hausarbeit zur Erlangung des Magistergrades angenommen - wurde für die Drucklegung nochmals durchgesehen und ergänzt.

EINLEITUNG

> Die Fetwa's aber, welche während einer
> gewissen Periode in irgendeinem muhammeda-
> nischen Lande abgefaßt wurden, gewähren dem
> aufmerksamen Leser ein lichtvolles Bild vom
> Leben und Treiben der dortigen Gesellschaft.
> (C. Snouck Hurgronje, Islam und Phonograph)

Islamische Rechtsauskünfte (fatwā, Pl. fatāwā) sind bereits verschiedentlich als Quelle für die Sozial- und Wirtschaftsgeschichte benutzt worden. Bei der vorliegenden Untersuchung dagegen geht es vorrangig um Probleme der Gegenwart: Welche Handlungserwartungen werden an die Muslime in einem säkularen Staat von seiten des islamischen Rechts gestellt, und in welcher Weise werden sie von islamischen Gelehrten in ihrem Verhalten beeinflußt? Deshalb liegt der Schwerpunkt unserer Untersuchung der islamisch-rechtlichen Auskünfte, die die Millî Gazete ihren Lesern im Zeitraum eines Kalenderjahres gegeben hat, auch nicht so sehr auf ihrem rein juristischen Gehalt, sondern auf den daraus abgeleiteten Verhaltensmaßregeln.

Wenngleich der Zugang zu dieser zeitgenössischen Ausprägung islamischer Rechtsentwicklung über die Darstellung historischer Ursprünge und Formen des Fetwawesens versucht wurde, war nicht etwa beabsichtigt, im Gegensatz dazu eine Typologie neuerer "Fetwa"-Formen aufzustellen; vielmehr sollten durch die Beschreibung der Stellung, welche den Fetwas im islamischen Recht zukommt und ihrer Rolle in der Türkischen Republik Charakteristika herausgearbeitet, Parallelen und Unterschiede aufgezeigt werden. Dieser Zugang erschien mir innerhalb der Grenzen, die der vorliegenden Arbeit nun einmal gesetzt sind, als der wirkungsvollste.

Den Rahmen für die Analyse der Rechtsauskünfte gibt das Spannungsfeld Politik - Religion in der Türkischen Republik der Gegenwart ab; es kommt aus diesem Grunde etwas ausführlicher zur Sprache. Einen Baustein dieses Hintergrundes, vor dem unser Material gesehen werden muß, stellt die Tageszeitung dar, worin die Auskünfte erschienen. Mit ihr befaßt sich ein eigenes Kapitel, die ideologische Ausrichtung der Zeitung umreißend: Millî Gazete und Nationale Heilspartei.

Kern der Untersuchung sind die islamisch-rechtlichen Auskünfte selbst, die aus naheliegenden Gründen systematisch und nicht chronologisch analysiert wurden; ihre Organisation orientiert sich grob an vorgegebenen Einteilungen islamischer Rechtswerke. Hier wird versucht - neben einer rein deskriptiven Inhaltsanalyse - durch erläuternde und ergänzende Hinweise Konflikte aufzuzeigen: Konflikte, die sich zum einen aus der Konfrontation mit dem geltenden Recht, zum anderen aus dem Zusammenstoß mit modernen Normen und Wertvorstellungen ergeben.

Bei den <u>Fragen</u> zum islamischen Recht waren dabei von besonderem Interesse etwaige Vorbehalte der Leser gegenüber Reformen im Bereich des Straf- und Zivilrechts, insbesondere der Familiengesetzgebung. Zudem galt es, ihre religiöse und traditionelle Normengebundenheit in Augenschein zu nehmen.

Die <u>Antworten</u> wurden ihrerseits hinsichtlich "staatskritischer" Einstellungen abgeklopft, und mittels der darin zum Ausdruck gebrachten Handlungserwartungen ihr Versuch der Einflußnahme auf die Gläubigen bewertet.

In einem gesonderten Kapitel wird der vom Auskunfterteilenden bevorzugt in Anspruch genommene Begriffsapparat daraufhin durchleuchtet, inwieweit sich ein konstantes <u>Weltbild</u> feststellen läßt, welches den Lesern vermittelt werden soll. Den Abschluß bildet dann eine Würdigung der Rolle, die bei Untersuchungen der Wechselwirkung zwischen Religion und gesellschaftlicher Entwicklung möglicherweise einer Fetwa-Analyse zufiele.

Das dieser Arbeit zugrundegelegte Material kann, wie ich hoffe, zur Diskussion über eine "Re-Islamisierung" der Türkischen Republik einige Hinweise beisteuern. Mehr ist gar nicht angestrebt; es sollte bei aller Brisanz, die den normativen Absichten der <u>Millî Gazete</u>-Auskünfte zum islamischen Recht zukommt, nicht in Vergessenheit geraten, daß sie nur einen Ausschnitt der sozialen, kulturellen und politischen Realität in der Türkei repräsentieren.

Hinweise zur Umschrift:

Bei arabischen Termini (außer solchen, die auch im Deutschen gebräuchlich sind) werden die Regeln der DMG angewandt.
Die im Hauptteil der Arbeit in Klammern gesetzten türkischen Begriffe und Formulierungen sind - auch und gerade wenn es sich um islamischrechtliche Fachtermini handelt - durchweg Originalzitate aus der MILLI GAZETE und folgen daher deren Schreibweise. Sie sollen gleichzeitig als Beleg und als Erläuterung des Gesagten dienen.

GESCHICHTE UND FUNKTION DER
FETWA IM ISLAMISCHEN RECHT

Das islamische Gesetz (šarīʿa) umfaßt die Gesamtheit der göttlichen Gebote, die das Leben der Muslime in all seinen Aspekten zu regeln beanspruchen. Das Wort "Scheria" bezeichnet den "rechten Weg", an dessen Einhaltung alle Gläubigen gebunden sind, und der von Gott geoffenbart wurde, damit sie innerhalb unabänderlicher Grenzen (ḥudūd) zu ihrem irdischen und jenseitigen Nutzen (maṣlaḥat) auf ihm fortschreiten können. (1) Deshalb stellt die Scheria vor allem eine Pflichtenlehre dar, die sich auf das "gesamte religiöse, politische, soziale, häusliche und individuelle Leben der Bekenner des Islam in vollem Umfange ohne Einschränkung und das geduldeter Andersgläubiger insofern, daß ihre Lebensäußerungen dem Islam in keiner Weise hinderlich seien",(2) erstreckt.

Die Aufgabe, eine den Geboten des göttlichen Rechts gemäße Lebensordnung für die muslimische Gemeinschaft zu erstellen, fällt dem Fiqh, der Rechtswissenschaft, zu. Gegenstand des Fiqh sind "außer den das gottesdienstliche Verhalten normierenden Gesetzen (ʿIbādāt), soweit es in Übungen und Enthaltungen sich darstellt, das ganze Gebiet des Familien-, Erb-, Sachen- und Obligationenrechtes, mit einem Wort die durch das soziale Leben bedingten juristischen Beziehungen (Muʿāmalāt) ferner das Strafrecht und das Gerichtsverfahren; endlich auch die Gesetze über Regierung und Verwaltung des Staates und das Kriegsrecht."(3)

Bekanntlich basiert die Rechtstheorie des Islam auf den vier "Wurzeln" oder "Fundamenten" (uṣūl): Koran, Sunna, Iǧmāʿ und Qiyās; - zwei Quellen, einer Instanz und einer Methode.(4)

Die Instanz des Konsensus (iǧmāʿ) ist, wie Snouck Hurgronje gezeigt hat, das letztlich entscheidende Kriterium für die Aufstellung verbindlicher Gesetze;(5) wenn es nämlich gilt, die richtige Deutung von Koran und Sunna für neu auftauchende rechtliche Probleme zu definieren. Das Recht, göttliche Gesetze im Namen der Gemeinschaft zu interpretieren, war immer schon auf die Gelehrten beschränkt gewesen. Aber nicht jeder von ihnen hatte die Autorität, aufgrund seiner persönlichen Fähigkeiten die Traditionen und den Koran zu interpretieren (iǧtihād): Allgemein wird angenommen, daß seit dem 4. Jahrhundert der Hiǧra, spätestens aber seit dem Tode al-Ghazzalis im Jahre 1111 christlicher Zeitrechnung das "Tor des Iǧtihād geschlossen" und damit die Möglichkeit selbständiger Interpretation erloschen sei. Die nachfolgenden Gelehrten waren lediglich im Besitze eines "relativen Iǧtihād"; sie waren abhängig von den Entscheidungen des Iǧmāʿ.

War einmal eine Entscheidung gefallen, so galt sie als auch für die nachfolgenden Generationen verbindlich. "Les savants (ʿoulamâ) se trouvèrent vis-à-vis de l'Idjmâ dans la position même où se trouvaient les laïques (ʿavâmm) à leur égard, c'est-à-dire dans la situation du taqlîd: reconnaissance de l'authorité avec abdiction du jugement personnel."(6)

Mit der Herauskristallisierung der Rechtsschulen als einzigen Organen der Gemeinschaft in legislativer Hinsicht konnte jeder Muslim die Regeln, die er zu befolgen hatte, in den autorisierten Handbüchern und Rechtswerken seines Maḏhabs finden. Das Studium von Koran und Sunna "auf eigene Faust" war zu einer Art Luxus geworden, da doch die für alle verbindliche Interpretation durch den Konsensus bereits in den Kommentaren festgehalten war.

Da aber durch die Ausdehnung der islamischen Reiche die Herbeiführung eines Konsensus aller Gelehrten zunehmend erschwert wurde, bediente man sich zur Lösung neu auftretender Probleme der Methode des Analogieschlusses (qiyās), auf dem bis heute in vielen Fällen Rechtsentscheidungen beruhen.(7) Das Prinzip des Qiyās, welches als letzte der vier "Wurzeln" sich Geltung verschaffen konnte, ermöglicht die Anwendung der in den Fiqh-Büchern niedergelegten Regeln auf neue Sachverhalte. Diese Art "rechtsschöpferischer Tätigkeit" bewältigen die islamischen Rechtsauskünfte (fatwā, türk. fetva).

"...l'istituto della fatwà è stato nell'evoluzione, o meglio nell'elaborazione del diritto musulmano, di una importanza particolare. È grazie alle fatwà che la dottrina, teoricamente immutabile, si è adattata, nel corso dei secoli, alla realtà concreta e che l'evoluzione giuridica si è compiuta silenziosamente."(8)

Fetwas sind formelle Auskünfte eines Mufti oder eines anderen befugten Faqīh über die für ein Problem maßgeblichen Gesetzesbestimmungen.(9) Jeder Gläubige, der nicht selbst der Benutzung kanonischer Rechtsbücher fähig ist, hat das Recht und die Pflicht, sich in seinem Verhalten von solchen Auskünften leiten zu lassen, damit seine Handlungen mit den

Vorschriften von Koran und Sunna übereinstimmen. Umgekehrt ist auch der Faqīh verpflichtet, an seinem Wissen jeden teilhaben zu lassen, der über keine so gute Kenntnis der göttlichen Gebote verfügt wie er.(10)

Ziemlich früh schon in der islamischen Geschichte war die Notwendigkeit der Rechtsberatung spürbar geworden; die Institution "Fetwa" läßt sich im Prinzip wohl bis auf die Zeit des Propheten zurückverfolgen.(11) Die wachsende Zahl Gläubiger und die Hinzugewinnung neuer Territorien mit divergierenden Rechtsvorstellungen und lokalen Bräuchen erforderten zunehmend praktische Rechtsentscheidungen, die durch Rekursion auf Koran, Sunna und Iğmāʿ seitens eines "Spezialisten" zu fällen waren. Auf diese Weise gewannen Rechtsgelehrte, die zur Erteilung von Fetwas befugt waren, "Mufti" genannt, einen beachtlichen Einfluß auf die Entwicklung der islamischen Doktrin.(12)

Zunächst waren die Muftis nur private Gelehrte, die von ihrer Umgebung als kompetent eingestuft wurden. Nachdem sich die Rechtsschulen herausgebildet hatten, ernannten zunehmend die Regierungen offizielle Muftis und kontrollierten sie bei der Ausübung ihrer Profession. Das Amt des Fetwa-Verfassens (futyā) wurde zur öffentlichen Funktion und die Muftis nahmen damit einen Platz in der Hierarchie der religiösen Beamten, gleich den Richtern, ein.(13) Doch verschaffte ihnen diese Stellung kein "Monopol" - es wurden weiterhin Gutachten von privaten Gelehrten eingeholt - und auch die Verbeamtung bedeutete nicht Anerkennung ihrer "Unfehlbarkeit" in Rechtsdingen.(14)

In den beiden ersten Jahrhunderten des Osmanischen Reiches scheint das Recht, Fetwas zu erteilen, wie in allen anderen vom Islam beherrschten Gebieten jedem, der durch seine Bildung und seinen Charakter ausgewiesen war, offengestanden zu haben; seiner Entscheidung kam Autorität zu.(15) Seit Beginn des 15. Jahrhunderts, und vollends unter der Regierung Murads II., wurde das Mufti-Amt zur staatlichen Institution. Der Mufti der Hauptstadt, der schließlich ganz mit dem Titel Şeyh ül-İslâm belegt wurde, war bald die maßgebliche Persönlichkeit für die Erteilung von wichtigen Fetwas besonders in staatlichen Belangen.(16) Der Şeyh ül-İslâm hatte als Oberhaupt der Ilmiye, der streng hierarchisch gegliederten Klasse aller religiös-juristischen Staatsbeamten, einen bedeutenden Einfluß auf soziale und politische Entscheidungen des osmanischen Staates.(17) Die Bedeutung der Fetwas, die von den Ulema erteilt wurden, für das gesellschaftliche Leben während sechs Jahrhunderten ist kaum zu unterschätzen. "Das ganze Volk ehrte diese gebildete Gruppe, nahm sie zum Vorbild und folgte widerspruchslos ihren Anordnungen, indem es sagte: 'Ein von der Scheria abgeschnittener Finger tut nicht weh.'"(18)

Obwohl der Şeyh ül-İslâm an das Prinzip des Taqlīd gebunden war und lediglich innerhalb der von den Fiqh-Büchern vorgegebenen Regeln einen gewissen Spielraum für die Anwendung der Rechtsvorschriften auf zeitgenössische Lebensverhältnisse zur Verfügung hatte, spielte er mit der Zeit eine erhebliche politische Rolle, erlangte im 19. Jahrhundert sogar Kabinettsrang. Abgeschafft wurde das Amt eines Şeyh ül-İslâm im Jahre 1924 gemeinsam mit dem Kalifat.

Die klassische Form der Fetwas ist die einer Anfrage, in der Regel knapp und detailliert, an die sich die vom Mufti oder Şeyh ül-İslâm erteilte Antwort anschließt. Diese Form hat sich im Laufe der Jahrhunderte wenig geändert.

Überschrieben waren die Fetwa-Dokumente mit einer frommen arabischen Invocatio, der übrige Text war meist in türkischer Sprache. Hatte der Şeyh ül-İslâm eine Anfrage zu beantworten, so wurde sie durch den eigens dafür zuständigen "Fetva Emini" in eine möglichst abstrakte Form gebracht, so daß er schließlich eine rein juristische Problemlage zu entscheiden hatte, welche aller Akzidentien der konkreten Situation (Namen der Parteien, Ort etc.) entkleidet war.(19)

Meist waren die Antworten sehr kurz gehalten und bestanden lediglich aus einer Bejahung oder Verneinung, z.B. den Worten "olur", "olmaz", "meşrudur", "meşru değildir" usw. Es wurden aber zuweilen auch längere Antworten gegeben, besonders in den frühen Fetwas und in Belangen des Staats- und Völkerrechts.(20)

Auf die Institution der Fetwa-Erteilung (iftā) im Osmanischen Reich wollen wir hier nicht weiter eingehen, als es unser Thema erfordert. Deshalb sollen lediglich einige Hinweise auf Bedeutung und Rechtsverbindlichkeit der Fetwas erfolgen.

Fetwas sind einerseits genau auf den Einzelfall zugeschnitten - ändert sich auch nur ein Detail der Situation, so gilt die Fetwa nicht mehr -, andererseits betreffen die Antworten nicht nur den Fragesteller, sondern bedeuten verbindliche, allgemeingültige Verhaltensmaßregeln. Im Gegensatz zum Urteil eines Richters ("Exekutivjustiz") stellt die Fetwa aber nur eine Handlungsempfehlung ("Konsultativjustiz") dar,(21) die sich zwar an alle Gläubigen, die dem jeweiligen Ma_dhab angehören, richtet, aber für den Einzelnen nicht bindend ist.

Die Şeyh ül-İslâms wandten daher zur Durchsetzung ihrer Entscheidungen das Mittel des "Takfīr" (Erklärung zum Ungläubigen und damit "Exkommunikation") an. "Bereits Ebû Suʿûd (im Amt 1545-1574) hat in derselben Weise entschieden: Wer sein Fetva nicht befolgt, ist ein Ungläubiger (kâfir). Er fordert auch von einem Richter, gemäß der in seinem Fetva dargelegten Rechtsansicht zu entscheiden."(22) Durch Aufnahme in Sammelwerke erhielten Fetwas, als Entscheidungen in Präzedenzfällen, auf die die Richter gerne bei der Urteilsfindung zurückgriffen, quasi legislative Autorität.(23)

"Die Fetwa's, d.h. die Gutachten muhammedanischer Schriftgelehrten, welche gewöhnlich in der Form von Antworten auf bestimmte Fragen erscheinen, enthalten schon seit Jahrhunderten für den in der muhammedanischen Gesetzeswissenschaft einigermaßen Bewanderten sehr wenig Neues. Das Neue ist ja vom Bösen und in den älteren Werken über das Gesetz sind alle Prinzipien und die meisten denkbaren Detailfragen mit einer Autorität entschieden, an welcher zu rütteln dem Muhammedaner fast als Unglauben gilt."

Dieses Faktum, auf das Snouck Hurgronje bereits im Jahre 1900 hinwies,(24) mag erklären, warum man sich in der Islamforschung bisher kaum der Rechtsgutachten als Quelle bedient, sondern sich eher an die Kompendien und Kommentare des Fiqh gehalten hat, wenn es um die Behandlung spezieller Fragen des islamischen Rechts ging.(25) Erst in jüngerer Zeit sind Fetwasammlungen Gegenstand eigener Forschung geworden; dies nun allerdings nicht in rechtstheoretischer, sondern vor allem in volkskundlicher, kultur- und sozialgeschichtlicher Hinsicht.(26)

Da nämlich Fetwas in der Regel nur bei tatsächlich auftretenden Problemen, nicht aber in theoretischen, fiktiven Fällen erteilt wurden, erhalten wir oft - so es sich nicht gerade um eine Anfrage allgemein theologischer oder moralischer Natur handelt -, informative Hinweise auf die Situation der jeweiligen Fragesteller und mithin ein anschauliches Bild von den Lebensumständen des jeweiligen Zeitalters. Dies ist um so mehr der Fall, wenn eine Anfrage an die Provinzmuftis gerichtet wird:

"Der Mufti muß die Bedingungen der Zeit, des Ortes und der Situation kennen. Denn die gestellten Fragen sind meist mit der Zeit, in der die Menschen leben, dem Ort, Sitten und Gebräuchen ... auf engste verknüpft ... Aus diesem Grunde spiegeln die Fetwas den sozialen und kulturellen Zustand der Gesellschaft wider."(27)

Nebenher ist natürlich der Fragesteller, welcher sich um eine Verhaltensmaßregel in seinem speziellen Fall bemüht, um nur ja seinen religiösen Pflichten nachzukommen, bestrebt, seinen Fall möglichst genau zu schildern.

Im übrigen erfahren wir auch, wann welche neuen Speisen, Getränke, technischen Neuerungen in den Gebieten des Islam auftauchen, denn alle die Lebensverhältnisse der Muslime berührenden Sachverhalte müssen ja, wie oben ausgeführt, den scheriatrechtlichen Bestimmungen konform sein. (28) Aus alledem ergibt sich, daß die Beschäftigung mit Fetwas in volks- und kulturkundlicher Absicht bereits ein lohnendes, durch die Existenz ausreichenden, gesicherten Quellenmaterials legitimiertes Betätigungsfeld darstellt.

Es darf aber nun nicht außer acht gelassen werden, daß die soziale Relevanz der Rechtsauskünfte nicht allein auf inhaltlichen Details beruht, sondern ebensosehr auf der Ebene einer ihrer Funktionen: als Mittel zur politischen Auseinandersetzung.

Auf diese Funktion wies zunächst Snouck Hurgronje hin, u.a. in einem Aufsatz, der den Streit der beiden schafiitischen Rechtsgelehrten Aḥmad b. Ḥadyār und ʿAbd ar-Raḥmān b.Ziyād schildert.(29) Es heißt dort:

"Es kommt ... häufig vor, daß ein Schriftgelehrter aus eignem Drang eine Zeitfrage in der nun einmal üblichen Form von Frage und Antwort behandelt; in solchen Fällen ist der Anfragende (der überhaupt nur selten namhaft genannt wird) eine fiktive Persönlichkeit oder es werden ganz unbestimmt 'verschiedene Wissensbedürftige' von dem Mufti auf die Bühne geführt, um als Anlaß zu seinem Fetwa zu dienen.
Dies geschieht zunächst, wenn der Gelehrte in seiner Umgebung gesetzlich verpönte Sitten und Bräuche beobachtet, deren Umsichgreifen er steuern will, namentlich wenn derartige Mißstände von solchen Personen, welche der öffentlichen Meinung als Vertreter der Gesetzeskunde gelten, durch Gutheißung oder wenigstens durch Schweigen gefördert werden. Ist denn die erörterte Frage irgendwie diskussionsfähig, so bleibt der Streit selten aus, und es folgen einander eine Reihe von Fetwa's und ähnlichen Abhandlungen, die manchmal ebenso viele persönliche Angriffe als Argumente enthalten.

Etwas skeptisch angelegte Geister behaupten sogar, daß hier und da eine ziemlich müssige Streitfrage eigens dazu auf die Tagesordnung gebracht wird, um dem unabhängig von derselben vorhandenen Neid und Haß zwischen konkurrierenden Gelehrten Luft zu machen."(30)

Weitere interessante Beispiele für die Verwendung von Gutachten zur Diskussion kontroverser Gegenstände und zur Beeinflussung der "öffentlichen Meinung" finden sich in H.J. Kisslings kleiner Schrift "Vom Streit der Rausch- und Genußgifte im Osmanischen Reiche." Hier wird gar das seltene Beispiel eines Muftis vorgeführt, der sich über den strengen Taqlīd im Sinne der "Volksstimmung" hinwegsetzte:

"Dann aber hat der verewigte Behâ'î Efendi, der selbst ein starker Raucher war und die Volksstimmung sehr gut kannte, sich in einem Gutachten für die Erlaubtheit des Tabaks ausgesprochen, da die Gutachter-Methode verlange, aus der Tradition zu schöpfen, daß es aber, wenn eine solche Tradition nicht vorhanden sei, sich erübrige, auf die 'Wurzeln des Rechts' zurückzugreifen ... Die ganze islamische Gemeinde ist ja praktisch verfallen, sie würde trotz allem rauchen und ein Verbot oder einen Verzicht darauf niemals anerkennen. Dem müssen die Richter und Mufti's Rechnung tragen, damit es keine Irrleitungen gibt."(31)

Ein denkwürdiger Fall von "Rechtsschöpfung" im islamischen Recht, wobei sogar noch dem Volke eine "legislative Funktion" zufällt?

Abgesehen von solchen Fragen, die die gesamte Gesellschaft betreffen, dienen Fetwas seit altersher natürlich auch als Mittel zur Durchsetzung privater Interessen, besonders als "Kampfmittel" zur Austragung von Rechtshändeln, ohne daß dabei der Mufti direkt involviert gewesen wäre.

"Scriveva Ibn ʿAbidīn: 'E consuetudine oggi per chi ha in mano una fatwā di un muftī di cercare di prevalere sull'avversario e costringerlo a cedere con il solo dire:"il muftī mi ha dato un responso dicente che il diritto è in mio favore"; e poichè l'avversario è di solito ignorante e non può rendersi esatto conto del contenuto della fatwā, è assolutamente necessario che il muftī sia circospetto (mutaqayyiz) e al corrente dell'astuzia della gente per eludere la legge e dei sotterfugi legali (hiyal)."(32)

In dieser Arbeit nun sollen solche Rechtsgutachten in einer dritten Funktion untersucht werden: als Transportmittel "ideologischen" Gedankenguts; d.h. als Mittel zur Beeinflussung des Fragenden selbst sowie aller weiteren Leser der Antwort. Dabei werden gewiß auch Fragen der Rechtstheorie mit hineinspielen, soweit sie nicht schon "seit Jahrhunderten bekannt" sind. Im wesentlichen soll es aber in den folgenden Kapiteln darum gehen, religiös-politische Auseinandersetzungen in der neuen Türkei (sowie allgemein Konfrontation und Konflikte frommer Muslime mit der modernen Welt), wie sie in den "Fetwas"(33) der <u>Millî Gazete</u> ihren Niederschlag finden, zu beleuchten.

Zuvor wollen wir aber noch einen Blick werfen auf den Hintergrund, vor dem unser Quellenmaterial gesehen werden muß, den Boden gewissermaßen, auf den die Erläuterungen der göttlichen Gebote fallen:
Das Verhältnis von Staat und Religion in der Türkischen Republik.

"FETWAS" IN DER LAIZISTISCHEN TÜRKEI

Im Jahre 1928 wurde der Satz "Die Religion der Türkischen Republik ist der Islam" aus der Verfassung gestrichen. An seine Stelle trat in Art. 2 der Verfassung von 1924 der Satz: "Der Türkische Staat ist republikanisch, nationalistisch, volksverbunden, interventionistisch, laizistisch und revolutionär."

Dem Laizismus-Prinzip lag die Auffassung Kemal Atatürks zugrunde, daß der Islam die Hauptursache für die Rückständigkeit und den Machtverfall des Osmanischen Reiches gewesen sei - in der Tat hatten vorab die Ulema erbitterten Widerstand gegen die Übernahme gesellschaftlicher und techologischer Neuerungen aus dem Westen geleistet - und es deshalb geboten sei, die Türkei in einen modernen Nationalstaat auf der Basis westlicher Rechts- und Administrationsvorstellungen umzuwandeln.

Mehrere Reformgesetze, die zwischen der Republiksgründung und dem Tode Atatürks verabschiedet wurden, demonstrieren seine Entschlossenheit, sich von der auf islamischem Recht beruhenden Tradition des Osmanischen Reiches abzuwenden und Religion und Politik voneinander zu trennen.(1) Von diesen Maßnahmen, die seither in einer Fülle wissenschaftlicher Publikationen diskutiert worden sind, interessieren für unsere Fragestellung zunächst lediglich die den staatlich-politischen und juristischen Bereich betreffenden.

Eingeleitet wird die Säkularisierung der am 29.10.1923 ausgerufenen Türkischen Republik mit der Abschaffung des Kalifats 1924 und der gleichzeitigen Auflösung der Institution des Şeyh ül-İslâmats. Es folgt die Säkularisierung des Bildungswesens durch Unterstellung unter das Erziehungsministerium. Die Abschaffung der Scheriatgerichte und die Übertragung des gesamten Gerichtswesens auf das Justizministerium bringt zum ersten Mal in der türkischen Geschichte eine Unabhängigkeit der Jurisdiktion von religiösen Institutionen.

Die Einführung eines neuen Zivil- und Strafrechts 1926 ersetzt die bis dahin noch immer existierende "juridische Autonomie" der Minderheiten und schafft eine einheitliche Gesetzgebung. Damit ist der organisierten Religion die letzte Bastion rechtlichen Einflusses (nämlich im wichtigen Bereich des Ehe- und Familienrechts) genommen.

Durch diese Grundlegung eines säkularen Staates, in dem der Islam auf seine "religiöse" Funktion beschränkt ist, wird das Scheriatrecht zwar nicht verdrängt, aber doch in seinen nicht-kultischen Aspekten unwirksam. Der Staat hat das Strafverfolgungsmonopol übernommen, regelt Eheschließung und -auflösung und alle übrigen zivilrechtlichen Beziehungen seiner Bürger; das Nationalstaatskonzept ersetzt den "Umma"-Begriff des islamischen Rechts.(2)

Die "Verwaltung" der Religion selbst erhält ein neues Gesicht. Als direkte Nachfolgeinstitution für das Büro des Şeyh ül-İslâm wird 1924 das Diyanet İşleri Reisliği gegründet. Die Aufgaben dieser Behörde sind u.a. Verwaltung der Moscheen und Derwischklöster, Ernennung und Entlassung der Imame, Muezzins, Prediger und anderer Funktionäre sowie Kontrolle der Bezirksmuftis. Der Präsident des "Diyanet" (seit 1950 Diyanet İşleri Başkanlığı) wird auf Vorschlag des Ministerpräsidenten, dem die Behörde untersteht, durch den Staatspräsidenten ernannt. Seinerseits obliegt ihm die Ernennung der Muftis der Provinzen und durch diese die der Bezirke.(3)

Die frühen Jahre der Republik sind also durch Bemühungen gekennzeichnet, den Islam aus dem öffentlichen Leben zu verbannen und ihn zur "Privatsache" des Einzelnen zu machen. Es folgt eine Periode der Stagnation, in der keine Innovationen stattfinden, denn während des Zweiten Weltkrieges stehen diplomatische und wirtschaftliche Fragen im Vordergrund der Politik. Nach Kriegsende aber rücken wieder Auseinandersetzungen ideologischer Natur in den Mittelpunkt des öffentlichen Interesses; religiöse Fragen provozieren die lebhaftesten Debatten.

"The move from a one-party to a multi-party regime in 1946 proved to be an opening through which the religious sentiments of the masses were courted by the competing political parties as a vote-catching device. Scholars familiar with the Turkish scene noted a striking revival of Islam in the 1950's. One might say, however, that strong Islamic sentiment had been there all the time, but that its manifestations became more apparent during the relatively permissive rule of Democrat Party governments from 1950 onwards."(4)

Dieser in der wissenschaftlichen Diskussion allgemein als "Reislamisierung" bezeichnete Prozeß, der mit der Einrichtung einer Theologischen Fakultät an der Universität Ankara im Jahre 1949 begann, machte sich in zahlreichen Maßnahmen des Menderes-Regimes zwischen 1950 und 1960 bemerkbar. Die Demokratische Partei hatte ihren Wahlsieg mindestens teilweise aufgrund ihrer Propagierung einer Islamisierung des Bildungswesens erzielt, welche sie in der Folgezeit auch schrittweise in die Tat umsetzte.(5) Das Laizismus-Prinzip ist durch solche Veränderungen - u.a. nahm der staatliche Rundfunk 1950 wieder religiöse Sendungen in sein Programm auf - zwar nicht außer Kraft gesetzt, aber der Islam hat zunehmend Einfluß auf das öffentliche Leben erlangt.

So wurde das Präsidium für Religiöse Angelegenheiten, das bis zum Sturz der Regierung Menderes ein bescheidenes Dasein gefristet hatte, 1961 als Institution des öffentlichen Rechts in die allgemeine Staatsverwaltung übernommen. Durch das Gesetz Nr.633 hat die Nationalversammlung die Aufgaben des Diyanet auf den Islam beschränkt.(6) Da aber 1970 die "Religionsdiener" verbeamtet wurden und als Beamte im öffentlichen Dienst die ständigen Aufgaben des Staates zu erledigen haben, fällt die "Verwaltung des Islam" nunmehr unter die Hauptaufgaben des Staates. Damit ist, wie der Verfassungsrechtler E. Hirsch gezeigt hat, der Islam de facto Staatsreligion geworden.(7)

Auch in der türkischen Außenpolitik machte sich ein deutlicher Wandel bemerkbar. Die Verbesserung der Beziehungen zu den arabischen Ländern war als ein vorrangiges Ziel erkannt worden; nicht nur aus wirtschaftlichen, sondern auch aus innenpolitischen Gründen: die Ausrichtung islamisch orientierter Konferenzen oder islamischer Handelsmessen u.ä. brachten den dafür eintretenden Parteien Sympathie und Stimmen ein.(8) Daran änderte auch die Machtübernahme des Militärs im September 1980 nichts, - die Türkische Republik war auf der Islamischen Konferenz 1981 durch ihren Ministerpräsidenten, 1984 gar durch den Staatspräsidenten vertreten (während zuvor höchstens der Außenminister entsandt worden war). Auf diese Weise wird in der Bevölkerung (neben der "direkten" Beeinflussung durch den 1974 eingeführten obligatorischen Moralunterricht in allen Grund- und Mittelschulen) (9) das Bewußtsein einer Affinität zwischen Politik und Religion gefördert.

Dies mag es einzelnen Parteien und Personen erschweren, an das Laizismus-Dogma zu glauben. Beispielsweise sprach sich noch 1976 der damalige Präsident des Diyanet und Kandidat der Nationalen Heilspartei für die Wahlen von 1973, Lütfi Doğan, für die Wiedereinführung der Scheria aus, obwohl das nach geltendem Recht einen Straftatbestand darstellt. (10) Zunehmend traten, zumindest bis zum 12. September 1980, militante muslimische Organisationen and die Öffentlichkeit, die die Rückführung der Republik Türkei in einen islamischen Staat verlangten.

Um vor diesem Hintergrund der Frage näher treten zu können, ob und wie weit der Versuch Atatürks, jene "islamische Identität" des Einzelbürgers wie auch des Staates durch eine "türkische Identität" zu ersetzen, als gescheitert zu betrachten ist, müßte also sorgfältig die Rolle des islamischen Rechts in Betracht gezogen werden. Diesen Weg beschreitet B. Scarcia Amoretti in einem Aufsatz über den "Modernismo Islamico", in dem sie das Wiedererstarken islamischer Werte im ökonomischen Bereich anhand einer Fetwa neueren Datums aufzeigt.(11) In der Ablehung sowohl kapitalistischer als auch sozialistischer Denkmodelle und in der Rückkehr zu traditionellen, durch die Scheria geregelten Wirtschaftsformen sieht sie eine Stagnation in der gesellschaftlichen Entwicklung der Türkei.

"Se mai fosse possibile una conclusione provisoria, questa si porebbe in termini malinconicamente negativi su di un'esperienza che obiettibamente restituisce all'Islam un ruolo antiimperialista e anticapitalista, il quale ad esso non compete e che, poi, una volta che il meccanismo si è avviato, non può che far constatare un arretramento oggettivo dell' intero processo sociale."(12)

Fetwas spielen nun aber in der Türkischen Republik in weit mehr als nur wirtschaftlicher Hinsichteine Rolle.

Zu den Aufgaben des Diyanet İşleri Başkanlığı, das nicht nur räumlich (das Istanbuler Müftülük befindet sich an der Stelle des früheren Büros des Şeyh ül-İslâm), sondern auch funktional in der Tradition desselben steht, zählt auch die Beantwortung von Fragen, die mit der Religion in Zusammenhang stehen. Diese wird von einem gesonderten Ausschuß, dem Din İşleri Yüksek Kurulu, wahrgenommen. Im übrigen gibt es die Muftis der Provinzen, die weiterhin mit der Erteilung von Fetwas betraut sind,(13) und in dieser ihrer Funktion auch von Zeit zu Zeit von den Genel Teftişler überwacht werden, wie es das Gesetz Nr. 663 vom 22.2. 1965 vorschreibt.

Solche Fetwas gelangen zwar prinzipiell nicht an die Öffentlichkeit, aber das Präsidium gibt eine Reihe von Rechtsgutachten heraus, die sich auf frühere, z.T. osmanische Fetwasammlungen stützen.(14) Wenngleich im Vorwort dieser Bände der Hinweis enthalten ist, daß die vorliegenden Gutachten seit 1926 nicht mehr dem geltenden Recht entsprechen ("Sadeleştirdiğimiz bu fetvalar: T.C. Medeni kanundan önce bulunan İSLAM HUKUKU ve AHKAMINA aittir"), argumentiert der Herausgeber, ein Beamter des Diyanet, mit der Absicht der Bewahrung von Tradition und Geschichte

("Ülkemizde bilumum milletlerin geçmiş hukuklarına ait, terim, kaide, kurallar, tarih ve geçmişle ilgili bilgiler edinmek için ... okutulmaktadır. Niçin Islam hukuku'nun ve fıkhının ana esasları okunup bilinmesin ... Elbetteki okunmalı ve bilinmelidir").(14) Ähnliche Sammlungen, von Provinzmuftis herausgegeben, enthalten diesen Hinweis erst gar nicht.

Aber ohnedies scheint das Vertrauen der Gläubigen in ihre "Religionsdiener", wenn es um Fragen geht, die ehemals das Scheriatrecht regelte, ungebrochen. Im Vorwort zu einer 1979 erschienen Fetwasammlung schildert der ehemalige Mufti K. Anlar, mit welchen Problemen sich die Bevölkerung an ihn wandte: "In meiner zehnjährigen Tätigkeit als Mufti betraf der größte Teil der ... an mich gerichteten Fragen das Stillen (sc.: durch eine Amme, also "Milchverwandtschaft") und die Verstoßung bzw. Scheidung (nach islamischem Recht)."(16)

Fetwas des Diyanet İşleri Müşavere Kurulu (Vorgängerbehörde des Din İşleri Yüksek Kurulu) zur Blutspende und ähnlichen Belangen finden sich in einer vom Präsidium für Religiöse Angelegenheiten herausgegebenen Fetwasammlung.(17)

Und am 21.1.1960 berichtete die Tageszeitung <u>Cumhuriyet</u> unter dem Titel "Dişçilik, Müftünün fetvasına kaldı", die Zahnärzte von Kayseri hätten, nachdem einige Prediger behauptet hatten, Zahnfüllungen und -kronen machen zu lassen sei Sünde, ein Rechtsgutachten eingeholt. Text: "In Fällen, wo es der Zahnarzt für notwendig erachtet, kann man Zähne überkronen und füllen lassen. Das Muftiamt von Kayseri."(18)

Aber nicht nur Privatpersonen und Zusammenschlüssen von solchen, auch den Parteien mag es in kontroversen Belangen opportun erscheinen, sich die Zulässigkeit mancher Maßnahmen von den islamischen Rechtsgelehrten bestätigen zu lassen, indem sie über die Vereinbarkeit mit den Vorschriften und Prinzipien des Islam eine Fetwa anfordern. Im Zusammenhang mit dem Entwurf eines "Gesetzes über Bevölkerungsplanung", das die Fraktion der Republikanischen Volkspartei 1961 in der Nationalversammlung einbrachte, war sie bemüht, sich geistlicher Unterstützung zu versichern. Die Fetwa des Präsidiums für Religiöse Angelegenheiten, welche am 19.12.1960 veröffentlicht wurde, bescheinigte dem zuständigen Ministerium, Geburtenkontrolle stehe nicht im Widerspruch mit den Prinzipien des Islam.(19)

In diesem Sinne scheinen auch in der modernen Türkei Rechtsgutachten die ihnen seit altersher zugedachte Funktion zu erfüllen, den Gläubigen mit Handlungsanweisungen und Aufzeigen des "rechten Weges" zur Seite zu stehen. Sie scheinen sich ebenso nach wie vor als Waffe in der politischen Auseinandersetzung zu eignen.

Schon die Geburtswehen der Neuen Türkei zeigen diese Funktion auf: Mittels einer Fetwa hatte man versucht, die Republikwerdung zu verhindern (Fetwa vom 11.April 1920, mit der Şeyh ül-İslâm Dürrizade Abdullah zum Kampf gegen die Rebellen aufforderte) - und sie zu fördern (Gegenfetwa des Muftis von Ankara Mehmet Rifat)!(20)

Allah Onları Sever
Onlarda Allah'ı Severler
Onlar Mü'minlere Şefkatkâr
Kafirlere Karşı Celâletlidirler.
Onlar Allah Yolunda Mücahede Ederler
Hiçbir laimin levminden
l'tabindan
KORKMAZLAR

Allah liebt sie
Sie lieben Allah
Sie üben Barmherzigkeit unter den Gläubigen
Den Ungläubigen gegenüber sind sie voll Zorn.
Sie streiten auf dem Wege Allahs
Tadel und Vorwürfen
Und auch der Schande gegenüber
FURCHTLOS

(Çorumlu, Erbakan Olayı)

MİLLÎ GAZETE UND NATIONALE HEILSPARTEI

Daß auch in der Türkischen Republik der Gegenwart ein Bedürfnis nach islamisch-rechtlichen Auskünften besteht, zeigt der Gegenstand dieser Untersuchung: die Auskünfte, die in der Kolumne "Islamisches Recht" (Fıkıh Köşesi) der Millî Gazete vom 1.1. bis 31.12.1981 abgedruckt wurden.

Die "Nationale Zeitung" ist eine reguläre Tageszeitung, die allgemein als das Organ der - seit September 1980 verbotenen - Nationalen Heilspartei (Millî Selamet Partisi - MSP) angesehen wird. Ihre Auflage (30.000) läßt sie als eine Zeitung mit geringer Verbreitung erscheinen; indessen ist ihr Einfluß größer, als die Verkaufszahlen suggerieren.

Weniger als die Hälfte des Umfangs ist der wirtschaftlichen und allgemeinpolitischen Berichterstattung gewidmet, wohingegen die innere Situation der Türkischen Republik und ihre Beziehungen zur islamischen Welt in überproportional erscheinender Breite zur Sprache kommen. Die Interpretation innen- wie außenpolitischer, wirtschaftlicher und kultureller Probleme und Ereignisse erfolgt im Sinne einer unverblümt aggressiven, pro-islamischen Linie. Gemäß ihrem Slogan "Die Wahrheit ist gekommen, Lug und Trug sind geschwunden" (Hak geldi, bâtil zâil oldu) (1) verfolgt die Zeitung laufend die Fortschritte des Islam in der Türkei und im Ausland (Iran, Pakistan, Sudan etc.) und den Kampf gegen die "Unterdrückung von Muslimen durch den Imperialismus" (Afghanistan, Sowjetrepubliken, Palästina). Comicstrip-Serien, die die Frühzeiten des türkischen Islam verherrlichen, sollen dem Leser klarmachen, daß das Türkentum vor der islamischen Ära nicht viel wert gewesen sei - eine These, die allem widerspricht, was in den kemalistischen Schulbüchern gelehrt wird.

Dauerthemen der Millî Gazete und feste Kolumnen, die ihnen gewidmet sind, erwähnt die Gratulation eines enthusiastischen Lesers zum 10. Jahr ihres Erscheinens:
["Selâhaddin Eyyubi" (Ṣalāḥ ad-Dīn der Ayyubide), "Çilekeş Müslümanlar" (Die duldenden Muslime) und "İkinci Murad pehlivanını" (Der Ringer Murads II.) sind Fortsetzungsromane, die in Glanzzeiten der islamischen Geschichte spielen. "Deli Kasım" (Der verrückte Kasım) und "Zaferhan" (Siegesfürst), zwei gezeichnete Serien, spielen in seldschukischer bzw. frühosmanischer Zeit; hier werden die Akıncıs ("Renner und Brenner")

Ein Beispiel aus der Serie "Zaferhan". Der Held, nachdem sein Pfeil einen Widersacher des Islam tödlich getroffen hat: "Unser Glaube ist ein Meer der Gnade, Liebe und Barmherzigkeit, Männer ... Aber wir halten nicht wie die christlichen Polytheisten dem, der uns auf die eine Wange schlägt, auch noch die andere Wange hin ... Wir weisen die Verräter und Ungerechten in ihre Schranken ... (05/05/1983)

KADIN VE EV

● aysel kaya

Başörtüsü, sakal ve bir mektup

Okuyucularımızdan aldığımız mektuplarda, başörtülü hanım ve sakallı erkeklerin, devlet dairelerinde güçlüklerle karşılaştıklarını, kendilerine binbir zorluk çıkarıldığını öğreniyor ve üzülüyoruz.

Mektuplardan da anlaşılıyor ki, başörtüsü ve sakal meselesi tartışma konusu olmaya devam ediyor... Biz burada bu meseleyi hâlâ tartışma gündeminde tutarken, "Kendileri gibi olmaya çalıştığımız" batılı, bu meseleyi nasıl halletmiş. Şimdi de ona bakalım... İşte Batı Almanya'dan mektup gönderen Muammer Gümüş kardeşimizin mektubu ve işte İsviçre'de yayınlanan BLICK gazetesinin haber küpürleri...

"Ben, tüm genç neslimiz gibi küfrün içinde büyüdüm, orta tahsilimi 1970 yılında tamamladım: Müslüman olduğum halde, okulda sadece bir İhlâs, bir Fatiha ve bir de salevât dualarından başka bir şey öğrenmedim. Ne hazindir ki, dinimi, kitabımı okulda öğrenmem gerekirken, yukarıda söylediklerimin dışında bir şey öğretmediler. Dinden nasibini alamadıkları için, annem ve babam da bana birşey veremediler. Ama Allah'a (cc) hamdolsun ki bana hidayeti nasib etti, şu anda dini vecibelerimi eksiksiz yerine getirmeye gayret ediyorum.

Size bu mektubu yazmamın sebebi şudur. Biz burada demokratik bir ülkede yaşıyoruz. İsteyen, dinini istediği gibi yaşıyor, İslâmın emrettiği şekilde giyiniyor örtünüyor. Buna karşı çıkan, karışan da yok. Almanya'ya geldiğimden beri buna şahid oldum.

Sonra, burada başı açık okula gitmek, başı açık resim çektirmek gibi bir mecburiyet de yok. Müslüman bir öğrenci, istediği gibi başını kapatarak okula devam edebilir.

Geçenlerde, kayınpederim, küçük kızını evlendirmek için pasaport çıkartmak istedi. Konsolosluğa gitti. Oradaki memurlar "Bu kıza pasaport vermeyiz, çünkü fotoğrafta başı kapalı, mutlaka açık olması gerekir" diyerek, geri çevirdiler. Bizim bildiğimiz, bu mecburiyet sadece devlet memurları içindir.

Şimdi sayın Tayyar Altıkulaç hocamıza soruyorum: Bu konuda ne gibi bir girişimde bulunulmuştur? Bu durumlardan haberdar değil midir?.. Müslümana başını açmıyorsun diye pasaport vermemek lâikliğe aykırı değil midir? Sayın hocamızdan, nereye muracaat edeceğimiz, nasıl bir yol takip edeceğimiz konusunda açıklama bekliyorum. Çünkü her makamın hakkını vermek gerekir. Hz.Ömer (R.A.) Dicle kenarında kaybolan bir koyunun hesabının kendisinden sorulacağını gayet iyi biliyordu, o şuurla hareket ediyordu. Bir makamı işgal edenlerin de en azından Hz.Ömer'den haberi olmaları gerekmez mi?

Ah Almanya Ah! Gelmekle iyi mi ettik, bilemiyorum... Dönmek ya da dönmemek, hangisi daha zor ki?"

Aus der Seite für "Frau und Heim". Leserbrief und Kommentar enthalten eine Polemik gegen den laizistischen Staat, der Beamten das Tragen von Bärten verbietet und Paßphotos mit Kopftuch ablehnt. Demgegenüber wird die liberale Praxis der Bundesrepublik lobend erwähnt (siehe auch Abschnitt 6.4). (08/05/1983) des Islam, ihre Tapferkeit und Glaubensstärke verherrlicht. Regelmäßig erscheinen die Glossen "Selam", "Sağduyu" (Gesunder Menschenverstand) und "Kalb Gözüyle" (Mit den Augen des Herzens); die Kolumne "Kadın ve ev köşesi" (Für Frau und Heim) wird täglich abgedruckt.]

"Bulursun, Eritreli Müslümanları! Görürsün; Afganlı Mücahitler, Okursun; Selâhaddin Eyyublileri, Hakk'ın sesi, Millî Gazete'de.

Değerli yazar ve yazılarıyle, Selam, Sağduyu ve Kalb Gözüyle, Kadın ve Ev köşesiyle, Yayınlanır Millî Gazete.

Anlatir; yahudinin zulmünü, Ögretir; Yehova'nin iç yüzünü, Amerika ve Rusya'nin kötülüğünü, Görürsün; Millî Gazete'de.

Islam'ın akıncılarını, Deli Kasım'ı, Zaferhan'ı, Ikinci Murad pehlivanını, Neşreder Millî Gazete.

Ögrenirsin; Çilekeş Müslümanları, Ögrenirsin; ecdat sporlarını, Ögrenirsin; Kur'an dilini, Hakk'ın sesi, Millî Gazete'de.

10 Yılını bitirdin, Onbirine girdin, Dilerim Hak'tan sana, Nice yıllar daha."

Ali Bozkurt - Hamburg   (04/03/1983) (2)

Gegenüber dem, was J. Landau (1976) feststellt: "Among the pet hates of Millî Gazete are communists, freemasons, Christian missionaries, Jews and Greeks",(3) hat sich nichts geändert, mag auch die These von einer Verschwörung aller dieser Gruppen für die Ziele des "Weltjudentums" und gegen die islamische Welt, mögen auch Schauergeschichten vom Kinderschlachten und Brunnenvergiften seit dem Camp David-Abkommen penetranter vertreten sein.

Die Affinität des Blattes zur Ideologie der nationalen Heilspartei wird nicht allein durch solche Weltsicht deutlich; viele Mitarbeiter gehörten der Partei an und berichteten regelmäßig über Aktivitäten der MSP und ihrer europäischen Tochterorganisation Millî Görüş, Einladungen zu Kongressen und anderen Veranstaltungen ihrer Organisationen werden veröffentlicht. Leserbriefe und Artikel von Imamen und Predigern erweisen sich inhaltlich als Fortsetzung der antirepublikanischen Propaganda der sechziger Jahre, wie sie in der Polemik der MSP wiederaufgenommen wurde.

So verwundert es auch nicht, daß die <u>Millî Gazete</u> der Berichterstattung über den Prozeß der Nationalen Heilspartei nach Ausrufung des Kriegsrechts in der Türkei breiten Raum gewährte. (Da sie vom 24.1. bis zum 4.3.1983 gerade wieder einmal verboten war, konnte sie die Namen der Verurteilten und deren Strafmaß allerdings erst Wochen nach der Urteilsverkündung veröffentlichen).

Zur Erhellung des Charakters und der Zielrichtung dieser Zeitung ist es demnach erforderlich, einen Blick auf die Geschichte und Propaganda der von ihr unterstützten Partei zu werfen.

Die Nationale Heilspartei (MSP) konstituierte sich 1972 als Nachfolgerin der wegen Verstoßes gegen die laizistische Grundordnung des Staates 1971 verbotenen Nationalen Ordnungspartei (Millî Nizam Partisi, MNP). Innerhalb eines Jahres hatte sie in allen Provinzen Zentren errichtet und war bereit, an den Parlamentswahlen 1973 teilzunehmen. Im Wahlkampf präsentierte sie sich streng moralistisch, "idealistisch" und antikommunistisch. Das nationale Heil sollte durch Wiederherstellung öffentlicher Sitte und Moral (millî ahlâk) mittels entsprechender Gesetzgebung und einer radikalen Änderung des Bildungswesens erreicht werden.(4)

Mit diesem Programm gelang es der Partei, bei den Wahlen 49 von insgesamt 450 Sitzen zu gewinnen und damit drittstärkste Partei im Parlament zu werden. Als Koalitionspartner der Republikanischen Volkspartei konnte sie einige ihrer Ziele durchsetzen: Neue Schulen für Imame und Prediger wurden gegründet, ein breites Industrialisierungsprogramm vorbereitet. Gleichzeitig startete die MSP eine Kampagne gegen "Unmoral" und "Beleidigung islamischer Werte",(5) die an eine Erosion des Säkularismus-Prinzips der Türkischen Republik glauben ließ.

Im Wahlkampf vor den (gegen heftigen Widerstand der MSP durchgesetzten) vorgezogenen Neuwahlen von 1977 kam zu dieser moralisierenden Tendenz eine verstärkt antiimperialistische Islampropaganda. Sie trat für eine Abkehr von Europa und verbesserte Beziehungen zu den islamischen Ländern ein und forderte, durch eine nationale Erziehung den Gedanken an eine "Großtürkei" in den Jugendlichen zu entflammen. Wenn die "Imitatoren des Westens" ausgeschaltet würden, werde die Türkei -inşallah - in 25 Jahren der mächtigste Staat der Welt sein.(6)

Aufgrund interner Differenzen und der anti-MSP-Propaganda sufisch beeinflußter islamischer Gruppen verlor die Partei bei den Wahlen die Hälfte ihrer Sitze. Sie war aber noch immer in der Lage, Einfluß auf die türkische Tagespolitik auszuüben. Wenige Tage vor der Machtübernahme des Nationalen Sicherheitsrats im September 1980 verlor Außenminister Hayreddin Erkmen eine Vertrauensabstimmung, die der Vorsitzende der MSP, Necmettin Erbakan, wegen des angeblich pro-israelischen und vom Westen gesteuerten Kurses der Außenpolitik Erkmens gefordert hatte. Als nächstes Opfer hatte er den Finanzminister ausersehen, weil dieser die Höhe der Zinsen - ohnehin eine beständige Zielscheibe der MSP-Polemik - freigab.(7)

Daneben gewannen immer heftigere Anwürfe gegen den laizistischen Staat und Forderungen nach Rückverwandlung der Türkei in einen islamischen Staat auf der Grundlage der Scheria Raum in der Propaganda der Nationalen Heilspartei; einige ihrer Anhänger zogen mit einem Bild Ayatollah Khomeinis durch die Straßen,(8) und auf einer großen Kundgebung in Konya am 6.9.1980 wurde die Einführung des Scheriatrechts auf Spruchbändern gefordert.(9) In ihrer Ablehnung des Laizismus bezieht sich die Partei dabei auf Sure 5,45: "Diejenigen, die nicht nach dem entscheiden was Gott (in der Schrift) herabgesandt hat, sind die (wahren) Frevler." (10)

Aus diesem Blickwinkel wird verständlich, warum die Führung der am 24. April 1981 aufgelösten MSP des Versuchs für schuldig befunden wurde das Staatssystem auf religiöse Grundlagen zu stellen und dem Laizismus-Prinzip zuwidergehandelt zu haben.(11)

Damit war dem türkischen politischen Islam nur vorübergehend die Organisationsgrundlage genommen. Bis zur Teilnahme der - nicht nur aufgrund entsprechender Millî Gazete-Berichterstattung - als Nachfolgerin der MSP zu bezeichnenden Refah Partisi unter Ahmet Tekdal an den Kommunalwahlen vom 25.4.1984 betätigte er sich vorwiegend vom Exil aus weiter. Als Sammelbecken der ins europäische Ausland geflohenen Funktionäre der alten MSP spielte die Organisation "Millî Görüş Europa" (Avrupa Millî Görüş Teskilâtı, AMGT) eine konstituierende Rolle, da sie mit ihrem straffen Aufbau und seit Jahren tätigen Unterorganisationen eine Basis für politische Betätigung bot.(12)

DIE ISLAMISCH-RECHTLICHEN
AUSKÜNFTE DER MİLLÎ GAZETE

Der Hauptteil unserer Untersuchung beschäftigt sich mit Informationen über das islamische Recht und Hilfestellungen bei religiösen Problemen, die die Millî Gazete unter der Rubrik "Fıkıh" während des Kalenderjahres 1981 erteilt hat. In der "Fıkıh köşesi" werden täglich eine oder mehrere Anfragen zum islamischen Recht und zur Glaubenspraxis im Alltag beantwortet; die Sparte erscheint gleichberechtigt mit der in gleicher Weise aufgemachten zu Fragen der (säkularen) Justiz, "Hukuk".

Die erteilten Antworten sind im Selbstverständnis der Redaktion nicht eigentlich "Fetwas", auch wenn sie gelegentlich so bezeichnet werden ("... bir kardeşimize verdiğimiz fetva ..." o.ä.).(1) In erster Linie geht es ihnen darum, im Sinne praktischer Lebenshilfe dem Leser die für seine Situation maßgeblichen Vorschriften an die Hand zu geben. Bei rein funktionaler Betrachtungsweise - und eine solche liegt der hier angestellten Analyse im großen und ganzen zugrunde - wäre der Vorgang dem Erteilen von Fetwas also vergleichbar.
Anlaß für die Anfragen sind außer Alltagsproblemen oftmals Diskussionen ("bir mecliste ..."), Gespräche mit Hodschas, wenn deren Ansichten nicht mit dem übereinstimmen, was der Fragesteller gelernt hat oder was im Volke tradiert wird, Streit in der Familie oder Nichtverstehen z.B. eines Ḥadīt. Es kommt auch vor, daß längere Abschnitte Ausführungen zu einem Thema enthalten, ohne daß überhaupt eine Frage dazu aufgeführt wird; was in der Regel darauf beruht, daß sehr viele Fragen an den Kolumnisten gerichtet wurden oder das Thema so strittig ist, daß es einer zusammenfassenden Erklärung bedarf.
Manche Themen lassen den Begriff "Rechtsgutachten" nicht recht angebracht erscheinen, weil sie weder Bezug zu kultischen Pflichten (ʿibādāt noch zu sozialen Beziehungen (muʿāmalāt) oder sonstigen durch das islamische Recht geregelten Bereichen aufweisen (also etwa reine Wissensfragen aus Gebieten der Naturwissenschaft etc.), aber das ist ein Problem, das sich bei der Beschäftigung mit Fetwas generell stellt und auch für solche aus früheren Jahrhunderten zutrifft. - Mit dieser Einschränkung soll der Terminus auch weiterhin auf die Gutachten der "Fıkıh köşesi" angewandt werden.

Weiterhin trifft diese Kategorie natürlich nicht auf die Klärung redaktioneller und sonstiger technischer Konditionen (Änderung der Anschrift für die Leserbriefe, Ermahnungen, bei Bitte um nichtveröffentlichte, briefliche Antwort auch das nötige Porto beizulegen, Eingehen auf anonyme Zuschriften etc.) zu; solche Beiträge werden in der folgenden Auswertung gar nicht berücksichtigt.

Mit der weiteren Einschränkung, daß fünfmal innerhalb des Untersuchungszeitraums Beiträge erschienen, welche mit einem früheren inhaltlich identisch waren - also "Doppel" - und unter Berücksichtigung der Tatsache, daß mehrmals entweder der Fragesteller nicht genannt oder die betreffende Frage nicht abgedruckt war, blieben 410 Themen zu analysieren, die von 332 Personen zum Gegenstand einer Anfrage gemacht wurden.

Die Fragesteller

Unter den Briefschreibern befanden sich nur etwa 5% Frauen, soweit sich dies aus dem Inhalt der Zuschrift oder dem Vornamen der Schreiberin schließen läßt; da aber viele Anfrager lediglich mit Initialen gekennzeichnet waren, ist diese Angabe gewiß unsicher. Herkunftsort bzw. -provinz sind meist angeführt, so daß wir uns ein Bild von der Verteilung der Leserschaft über das Land machen können. Nach Provinzen differenziert kamen aus:

Adana	14	Denizli	4
Adıyaman	2	Diyarbakır	6
Afyon	3	Edirne	1
Ağrı	2	Elazığ	2
Ankara	29	Erzurum	4
Antakya	2	Eskişehir	1
Aydın	3	Gaziantep	4
Balıkesir	4	Giresun	3
Bolu	5	Gümüşhane	1
Burdur	3	Hatay	5
Bursa	8	Isparta	2
Çanakkale	2	İstanbul	75
Çorum	4	İzmir	17

Kars	1	Ordu	1
Kastamonu	1	Sakarya	5
Kayseri	7	Samsun	7
Kirşehir	1	Siirt	2
Kocaeli	10	Sinop	1
Konya	15	Sıvas	5
Kütahya	5	Tokat	1
Malatya	3	Trabzon	3
Manisa	4	Tunceli	1
Maraş	1	Urfa	9
Mardin	1	Uşak	1
Mersin	2	Van	1
Muğla	1	Yozgat	1
Nevşehir	3	Zonguldak	12
Niğde	2		

Außerdem kamen 5 Briefe aus der Bundesrepublik, 2 aus den Niederlanden, einer aus Frankreich und einer aus Belgien; 6 weitere Herkunftsorte ließen sich nicht lokalisieren.

Da diese Aufstellung ziemlich genau der Einwohnerzahl der betreffenden Provinzen proportional ist und die nicht genannten zwölf Provinzen nicht genug gemeinsame Merkmale (z.B. wirtschaftlicher Entwicklungsstand) aufweisen, sind keine geeigneten Rückschlüsse auf tatsächlichen oder potentiellen Einfluß der Zeitung und ihrer rechtlichen Auskünfte möglich. Die Briefschreiber stammen - soweit das im Rahmen der Anfragen deutlich wird - aus den verschiedensten Berufs- und Altersgruppen. Am häufigsten sind darunter Arbeiter, aber auch Händler und Kaufleute, Beamte, Schüler, Studenten, religiöse Funktionäre (ein Imam, ein Moschee-Angestellter) und eine Hebamme kommen zu Wort.

Leider gibt die Redaktion nur selten Anschreiben im Wortlaut - und auch dann nur auszugsweise - wieder, so daß man nur in wenigen Fällen Informationen aus Vokabular und Sprachstil (etwa über das Bildungsniveau oder den politischen Standort des Einzelnen) erhält.

Bei näherer Betrachtung kristallisieren sich aber unterschiedliche <u>Fragetypen</u> heraus. Wir wollen das anhand exemplarischer Stellen belegen.

Fragetypen

A. Unpersönlich gehaltene Fragen von allgemeinem Interesse:

> "Ist es jemandem, der nicht trinkt, erlaubt, mit Personen, die Alkohol trinken, an einem Tisch zu sitzen und einen Imbiß zu verzehren?" (31/01)

B. Fragen, denen eine detaillierte Schilderung der Ereignisse vorangeht, durch die sie provoziert wurden:

> "Einige Frauen aus unserer Mahalle schneiden ihre Haare ab und verkaufen sie an Perückenhersteller. Wir fragten einen Hodscha nach seiner Meinung; er meinte, dies sei ganz entschieden nicht erlaubt. Die Frauen protestierten: Was sollen wir denn dann mit den Haaren anfangen? In der Erde vergraben vielleicht? Es entspann sich ein großer Streit. Gibt es zu dem Sachverhalt irgendeine Vorschrift des islamischen Rechts?" (18/09)

C. Persönlich gehaltene Fragen von allgemeinem Interesse:

> "Ich befinde mich gerade in der stürmischsten Epoche meiner Jugend. Manchmal bringen mich sexuelle Gefühle wirklich in große Bedrängnis und Unruhe. Was soll ich nur tun?" (28/05)

D. Detaillierte Schilderungen persönlicher Probleme:

> "Viele meiner Kunden sind Frauen. Die Damen kommen meist unverschleiert. Bis männliche Kunden den Laden betreten, muß ich mich aber doch mit ihnen befassen. Bin ich in dieser Situation einer Sünde schuldig?" (24/05)

Die beiden letzten Fragen weichen zweifellos stark von der üblicherweise unpersönlich und abstrakt gehaltenen Form osmanischer Fetwas ab, während die ersten beiden sich deutlich in deren Tradition stellen.

Der Redaktor

Yusuf Kerimoğlu, Jahrgang 1946, absolvierte nach dem Besuch einer Schule für Imame und Prediger (İmam-Hatip) die Theologische Fakultät der Universität Ankara, war dann bis zum Gesetzeserlaß, der den Beamten das Tragen von Bärten verbot (1981), Assistent am sozialwissenschaftlichen Zweig der Ingenieurs-Akademie Sakarya. Wegen seines Bartes ausgeschieden, ist er heute hauptberuflich Redaktionsmitglied der Millî Gazete.(1)

Kerimoğlus Rechtsauskünfte sind in einer bislang vierbändigen Folge unter dem Titel "Fıkhî Meseleler" in Buchform erschienen. Der erste Band, der die vom Verlag als "Fetwas und Studien" bezeichneten Kolumnen zwischen Juni 1981 und Februar 1982 in sich schließt, wurde im Juni 1982 gedruckt und war innerhalb von zwei Monaten vergriffen. Leider wird die Auflagenhöhe nicht benannt, der Verlag wertet die Notwendigkeit einer zweiten Auflage im September 1982 aber als Beweis für das "Interesse unseres muslimischen Volkes". Eine dritte Auflage erlebten die ersten drei Bände Anfang 1983.(2)

Die Quellen

Ungefähr ein Fünftel der Antworten enthält den Hinweis, welcher Vorschrift nach hanafitischer Lehre (Hanefî Mezhebine göre) zu gehorchen sei, - was aber niemand erstaunen dürfte, da die Türken in ihrer Mehrzahl dem hanafitischen Ritus folgen.

Bestehen unvereinbare Gegensätze (ihtilâf) zwischen den Rechtsschulen in einer Frage, so werden die unterschiedlichen Standpunkte auch angeführt, so daß schafiitische Lehrmeinungen sowie Stellen aus den entsprechenden Rechtswerken 25 mal, malikitische 8 mal und hanbalitische 4 mal ausdrücklich erwähnt werden.

Immer wieder macht man den Lesern klar, daß nichts als der "offiziell anerkannte, geschichtliche Islam" an sie weitergegeben werde, daß man sich auf die Lehrmeinungen früherer Autoritäten, besonders der Begründer der Rechtsschulen (müctehid imamlar), sowie auf autorisierte, kanonische Rechtswerke (muteber fıkıh kitapları) stütze.(1)

Betont wird stets die Notwendigkeit des strengen Taqlīd, d.h. der Anerkennung dieser Lehrmeinungen, ohne nach deren Begründung zu fragen. Der Leser darf auf keinen Fall selbständig zu einer Entscheidung gelangen, sondern er soll sich an die von kompetenten Leuten erteilten Auskünfte über das, was in den Handbüchern zu bestimmten Problemen steht, halten. Andernfalls werde nur Verwirrung unter den Gläubigen gestiftet: "Bilir ki, şer'i meselede heva ve heveslere uyarak hükümlere varmak, insanı elim azaba sürükler."(03/02) "Bu mesele bazı kimseler arasında sık sık tekrarlanmakta ve yanlış izahlar yapılarak müslümanlar şaşırtılmaktadır."(08/02) - Um so mehr müssen sich also Muftis und andere Fachleute auf die festgeschriebenen Lehren stützen und diese weitergeben, wenn sie ihr Amt verantwortungsvoll ausüben wollen.

Die folgende Aufstellung enthält die neben Koranversen und Traditionen am häufigsten als Beleg für einzelne Vorschriften angegebenen Quellenwerke. Weitere Literaturnachweise mit genauen Angaben zu Erscheinungsort und Datum sowie ggf. türkischen Ausgaben finden sich in der o.a. Edition der "Fıkhî meseleler".

ABİDİN: Muḥammad Amīn b. ʿĀbidīn aš-Šaʾmī   (st. 1252/1836)
    Radd al-muḫtār ʿalāʾ d-durr al-muḫtār   (GAL II,196,311)
    geschätztes, mehrmals gedrucktes (zuletzt Kairo 1972) Handbuch der hanafitischen Rechtsschule. →
    "Reddü'l Muhtar Aled Dürrü'l Muhtar": türk. Übersetzung von Ahmed Davudoğlu, Istanbul 1982

ALİ EFENDİ: Şeyh ül-İslâm Çatalcalı Ali Efendi   (st.1103/1692)
    Seine Fetwas sind in vielen Handschriften verbreitet worden
    "El Feteva", Istanbul 1324/1906

GAZALİ: Abū Ḥamīd Muḥammad b. Muḥammad al-Ġazzālī   (st. 505/1111)
    Ihyāʾ ʿulūm ad-dīn → "İhyâ Ulûmi'd-din": türk. Übersetzung von A. Serdaroğlu, Istanbul 1974
    al-Munqiḏ min ad-dalāl → "El Munkizû Mine'd Dalâl": türk. Übersetzung von A.S. Furat, Istanbul 1978
    al-Mustaṣfa min ʿilm al-uṣūl, Beirut 1937   (GAL I,421-426)

HALEBİ: Burhānaddīn Ibrāhīm b. Muḥammad al-Ḥalabī   (st. 956/1649)
    Multaqaʾl-Abḥur   (GAL II,432)
    Handbuch über die Furūʿ nach hanafitischen Grundsätzen, viel gebraucht und mehrfach kommentiert. →
    "İzaḥlı Mülteka El Ebhûr Tercemesi": türk. Übersetzung von M. Uysal, Istanbul 1973

HÜMAM: Kamāladdīn b. al-Humām as-Siwasī   (st. 861/1457)
    Fatḥ al-qadir; ein Kommentar zur Hidāya   (GAL S I,645, S II,91)
    Kairo 1316-9 H

İBN-İ NÜCEYM: Zain al-ʿĀbidīn b. Ibrāhīm b. Nuǧaim al-Miṣrī (st. 970/1562); hervorragender Gelehrter der hanafitischen Schule
    al-Badr ar-rāʾiq; Kommentar zu "Kanz al-Daqāʾiq" (GAL II,310 f.), Kairo 1311/1893

İMAM-I AZAM: Abū Ḥanīfa an-Noʿmān b. Ṯābit b. Zūṭā   (st. 150/767)
    Musnad (GAL I, 169 ff.) → "El Müsned": türk. Übersetzung von M. Selim Köse, Istanbul 1978

İMAM-I KASANÎ: Abū Bekr b. Mas'ūd al-Kāsānī (st. 587/1191)
Badā'i' aṣ-ṣanā'i' fī tartīb aš-šarā'i'; Kommentar zu
"Taḥfa'l-fuqahā" (GAL S I,640 und 643), Beirut 1974

İMAM-I MAVSİLÎ: Maǧdaddīn Abū'l Faḍl Abdallah b. Maḥmūd al-Mauṣilī al-
Buldaǧī (st. 683/1284)
hanafitischer Rechtsgelehrter (GAL I,382)
al-Ihtiyār → "El Ihtiyar", Istanbul 1980

İMAM-I SERAHSÎ: Šams al-a'imma Abū Bekr Muḥammad b. Abī Sahl as-Saraḫsī
(st. 448/1056); bedeutender hanafitischer Jurist
Kitāb al-Mabsut , Kairo 1324 H
Kitāb al-Uṣūl , (="Temhidû'l Füsûl fi Ilmû'l Usûl"),
Beirut 1393 H

KUDURÎ: Abū'l Ḥasan Aḥmad b. Muḥammad al-Qudūrī al-Baǧdādī (st. 428/
1037); hanafitischer Rechtsgelehrter (GAL I,135-137)
al-Muḫtaṣar → "El Muhtasar-i Kuduri": Text und türk. Übersetzung, Istanbul 1979

MECELLE: Meǧelle-i Aḥkām-i 'adlīye
Bürgerliches Gesetzbuch des Osmanischen Reiches, ausgearbeitet
in der Tanzimat-Zeit.
"Mecelle-i Ahkâm-ı adlîye şerhi": Text und Kommentar von Atif
Bey, Istanbul 1328-1329 H

MERGİNANÎ: Burhān ad-Dīn Abū'l Ḥasan 'Alī b. Abī Bekr b. 'Abd al-Ǧalīl
al-Farǧānī al-Marǧinānī (st. 539/1197)
Nachkomme einer berühmten hanafitischen Juristenfamilie
al-Hidāya (="El Hidaye Şerhû Bidayeti Mübtedi"), Kommentar zu "al-Ǧāmi' aṣ-ṣaǧīr" (GAL I,376), Kairo 1965

MOLLA HÜSREV: Şeyh ül-İslâm Mehmed b. Firamurz b. Ali (st.885/1480)
Durar al-Ḥukkām fī šarḥ Ǧurar al-Aḥkām (GAL II,292)
eines der wesentlichen Handbücher der osmanischen Scheri-
atgerichte →
"Gurer ve Dürer tercemesi": Übersetzung von Arif Erkan,
Istanbul 1978-1980

PEZDEVÎ: Abū'l Ḥasan Alī b. Muḥammad al-Pazdawī, gen. Faḫr al-Islām
(st. 482/1089); hanafitischer Rechtsgelehrter
Kanz al-wuṣūl ilā ma'rifat al-uṣūl (GAL I,637 und 460)
→ "Ehl-i Sünnet Akaidi": türk. Übersetzung von Ş. Gölcük, Istanbul 1980

Themenbereiche der Rechtsauskünfte

"Wie unseren Brüdern, die unsere Kolumne regelmäßig verfolgen, bekannt ist, bemühen wir uns nach Kräften, die uns erreichenden Briefe zu beantworten. Wir benutzen als Quelle die kanonischen Werke und ermitteln die gesicherten Überlieferungen.
Manche Brüder wenden nun ein: Vorsicht, mein Herr, bringen Sie dieses oder jenes Thema nicht zur Sprache, wir leben in einem Zeitalter der Zwietracht!
Wir zweifeln natürlich nicht an der aufrichtigen Besorgnis unserer Brüder. Aber wir kennen den Ausspruch des Propheten: 'Wer nach etwas gefragt wird, das er weiß, und die Antwort verheimlicht, dem wird Allah am Jüngsten Tage ein Hemd aus Feuer anziehen'." (28/11/1982)

Angesichts der von Kerimoğlu hier gegebenen Zusage: keinem aufgeworfenen Thema werde, etwa aus Angst vor Sanktionen, die Aufnahme in die Kolumne versagt, sei einmal angenommen, daß die 410 von uns untersuchten Rechtsproblematiken einen repräsentativen Eindruck von den Interessenschwerpunkten der Leserschaft vermitteln.

Daß weder die Fragen ungewöhnlich sind, noch die Antworten - in der Sache - besonders "streng" ausfallen oder "extremistische, fanatische" Standpunkte widerspiegeln, wollen wir anhand von Vergleichen mit klassischen und zeitgenössischen Fetwas zur jeweiligen Problematik aufzeigen. Die Einteilung und Anordnung nach Themenbereichen lehnt sich dabei an die klassische "Kitāb"-Anordnung der hanafitischen Rechtswerke an, (1) wenngleich die der Analyse zugrundeliegende Fragestellung verschiedene Modifikationen erfordert.

Weitaus die meisten Auskünfte werden im Bereich der kultischen Pflichten eingeholt - 88 -; darauf folgen im Leserinteresse Glaubensfragen und Fragen zum islamischen Recht - 66 -, Ehe- und Familienprobleme - 58 - Fragen nach Erlaubtem oder Verbotenem in Bezug auf Alltag und Freizeit - 55 -, Handel und Wirtschaft - 52 -, und schließlich Fragen zu Sitten und (Volks-)bräuchen - 26 -. An letzter Stelle stehen mit jeweils 19 Anfragen Strafrecht, Philosophie und Wissenschaft sowie das islamische Staatsrecht und die Beziehungen zu Nichtmuslimen. Weitere 8 Fragen lassen sich in keine dieser Kategorien einordnen.

In nachstehender Übersicht werden diese Kapitel weiter aufgeschlüsselt.

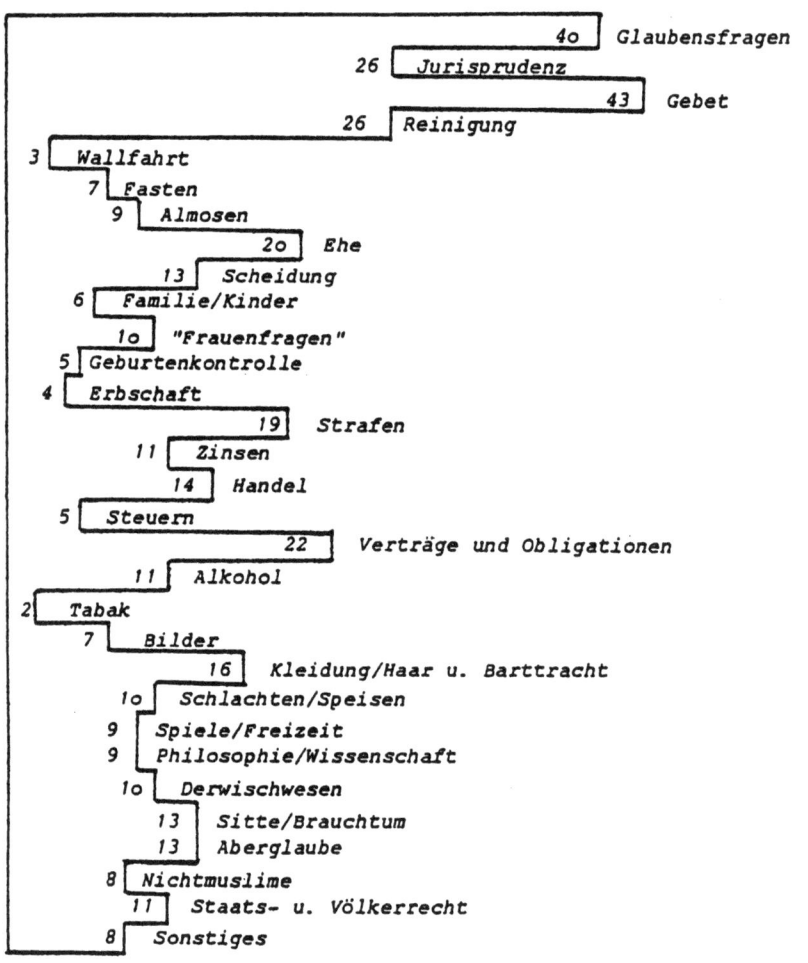

Die Anordnung der Themen entspricht der Reihenfolge, nach der sie in unserer Untersuchung abgehandelt werden.

1.1 Glaubensfragen

Im Mittelpunkt der Auskünfte in diesem Kapitel (Zusammenfassung der Responsa mit * gekennzeichnet) steht erwartungsgemäß das Offenbarungsbuch der Muslime, dem in der volkstümlichen Religiosität weithin "übermenschliche Autorität, wenn nicht gar magische Wirkung" (R. Wielandt) zugeschrieben wird.

Den Briefschreibern geht es in der Hauptsache darum, zu erfahren: ob und wie der Koran bis in unsere Tage hinein unverändert überliefert wurde, ob man Koranverse im Schlafzimmer aufhängen und bei welchen Verrichtungen bei sich tragen dürfe, und vor allem, was mit Zeitungen zu geschehen habe, die mit frommen Sprüchen illustriert sind.(1)

* Der Koran, heißt es in den Antworten, ist das wichtigste Buch der Muslime; ihm Ehrfurcht entgegenzubringen, gehört zu den Hauptpflichten der Gläubigen, - Respektlosigkeit zeichnet dagegen die Ungläubigen (kâfirler) und Heuchler (münafıklar) aus. Deshalb muß man ehrfürchtig zuhören, wenn der Koran rezitiert wird, und darf nichts anderes dabei verrichten. (24/01)

* Die in der Türkei verbreiteten Tonbandaufnahmen meist ägyptischen Ursprungs sind mit Vorsicht zu genießen, weil sie das Bewußtsein der göttlichen Offenbarung und den Respekt ihr gegenüber trüben könnten.(2)
(20/10)

* Angesichts der Pflicht zur Wortgläubigkeit ist es nicht erlaubt, den Koran in Lateinschrift zu drucken und zu lesen.(3)   (07/11)

Breiten Raum nehmen Fragen nach dem Leben des Propheten und seiner Genossen, nach der Schöpfungsgeschichte und der Vertreibung aus dem Paradies ein; es wird um Erläuterung einzelner Koranverse und Traditionen gebeten.

Ein weiterer Komplex von Dogmen kann mit den Begriffen "Sünde und Buße", "Höllenfurcht und Paradieseshoffnung", "Gut und Böse" umschrieben werden. Diese Fragen entspringen oft einer Orientierungslosigkeit des Einzelnen, - wie etwa in der Bitte zu erkennen: "Zeigen Sie mir einen Weg, sonst werde ich verrückt" (24/06; ähnlich 02/11) - oder aber dem Bewußtsein, gesündigt zu haben. Dabei spielt das "Jüngste Gericht" (hesap günü, kıymet günü) eine große Rolle.

* Den Lesern wird versichert, daß sie sich Hoffnungen auf das Paradies machen könnten, wenn sie nur lernten, was gut und böse, erlaubt und verboten sei. Wenn man es sich zur Gewohnheit mache zwischen Hoffnung und Furcht zu leben, falle man den Anfechtungen und Einflüsterungen des Teufels (şeytanın vesvese) nicht mehr anheim. Verbotene Handlungen, die in Notlagen begangen werden, stürzen keinen Gläubigen, solange er nur Buße (tövbe) tut, ins Verderben.

Unmißverständlich ist stets definiert, unter welcher Bedingung jemand zum Ungläubigen wird und damit alle Vergebung verwirkt: Leugnen oder Verächtlichmachen der als unverrückbar geltenden Dogmen und Gesetze (nas).(4)

* Jeder Gläubige hat die Pflicht, die "Worte des Unglaubens" (elfâz-ı küfür) zu lernen, die ihn zum Kâfir - und damit vogelfrei - geraten lassen. (10/11)

* Eine weitere Gefahr sind Neuerungen (bid'at) in Glaubensdingen, denn sie stürzen den Menschen in Unglauben und Verderben, wohingegen Neuerungen in hergebrachten Sitten (adet) lediglich verwerflich sind, nicht aber Apostasie bedeuten.

Diese wichtigen Erklärungen, die auch in anderen Zusammenhängen auftreten, erfolgen meist auf Anfragen: ob man mit Leuten, die diese oder jene Sünde begangen hätten, die Fasten, Beten, und überhaupt alle Pflichten vernachlässigten, weiter an einem Tische essen und sonstige soziale Beziehungen pflegen dürfe. Die Responsa auf einen Nenner gebracht: "Niemanden, der die Šahāda spricht, und sich in die gleiche Gebetsrichtung wendet wie wir, erklären wir zum Ungläubigen."(5) (11/09)

1.2 Fragen zum Fiqh

In diese Kategorie fallen zum größten Teil reine Wissensfragen, etwa zu den Rechtsquellen (usul-ı fıkıh, ana kaynaklar), zu einzelnen Rechtsschulen und ihren Begründern, zum Zeugenstand (şahitlik) oder zur Bedeutung einzelner Termini technici der islamischen Jurisprudenz.

Überwiegend betreffen die Auskünfte indessen die Maḏāhib, die offenbar immerwährenden Anlaß für Streitigkeiten unter den Muslimen bieten; weshalb auch die "Fetwas" mehr aus Appellen, die islamische Einheit nicht aufs Spiel zu setzen, denn aus sachlicher Information zu bestehen scheinen.

* Wetteifer um den Vorrang eines Maḏhab ist Bidʿa; der Teufel bemüht sich, die Eitelkeiten und die Eigensucht der Menschen auszunutzen, indem er Zwietracht sät. (30/08; 10/03; 05/03)

* Andererseits ist aber eine Gesellschaft ohne Widersprüche nicht denkbar, denn wenn Gott gewollt hätte, hätte er ja die Menschen als Umma ohne Widersprüche geschaffen. Die Rechtsgelehrten haben jedoch festgelegt, daß sich der Ausspruch des Propheten: "Widerspruch in meiner Umma ist eine Gnade" nur auf die erlaubten Meinungsverschiedenheiten zwischen den Muǧtahid beziehen soll. (19/12)

Wenn also in den erwähnten Fällen mehr Ermahnungen als Auskünfte zum Thema erteilt werden, so wird letzteres in einem Fall ganz vermieden:
"Sie schreiben, daß Sie anläßlich einer Reise nach Iǧdir (Kars) Streit mit Leuten der schiitischen Glaubensrichtung hatten. Die Gründe, die Schia und Sunna trennen, sind zu weitläufig, als daß sie in dieser Kolumne Platz haben könnten.
Wenden Sie sich daher an einen Hodscha in Ihrer Umgebung." (07/10)

Im übrigen geht kaum ein Quellenverweis ohne Erwähnung der Verpflichtung zu strengem Taqlīd ab. Dabei wird unmißverständlich klar gemacht, daß es bei Befolgen oder Nichtbefolgen der Rechtsvorschriften (hüküm) anderer Leute nicht darauf ankommt, ob die Argumentation stringent und die Beweisführung stichhaltig ist, sondern allein darauf, <u>wer</u> die Behauptung aufgestellt hat.(6)

* Es ist nicht erlaubt, der Argumentation von Leuten zu folgen, die nur vorgeben, sich an die kanonischen Rechtswerke zu halten, in Wirklichkeit aber den Hochmütigen und Götzendienern zu Gefallen den Islam mit aufrührerischen Worten "verteidigen". (Argument gegen "aufgeklärte" Apologeten) (07/07)

* Imam Ghazzali zufolge gibt es für das gemeine Volk keinen anderen Weg als den Taqlīd; Feindseligkeit dagegen wird von Ignoranten (<u>cahil</u>) wie Abduh und Afghani verbreitet, die sich radikal dünken und dies mit liberalistischen und humanistischen Erklärungen verteidigen, in Wirklichkeit aber nur der muslimischen Gemeinschaft schaden. (02/07)

Die Praxis der Rechtsprechung ist vorab mit Fragen zum Zeugenstand und zur Eidesleistung vertreten.
Es wird aber auch gefragt, warum Frauen nach islamischem Recht das Amt eines Kadi nicht ausüben dürfen.(7)

2. Kultische Pflichten

Ganz entgegen der Häufigkeit, mit der Fragen von Gebet und Reinigung angesprochen werden, können wir sie im Rahmen dieser Analyse relativ kurz abhandeln. Denn die hier auftretenden Detailprobleme samt dazugehörigen Lösungen haben sich seit den Lebzeiten Ebû Suʿûds (1) wenig verändert und sind längst in Katechismen (2) und Fetwasammlungen eingegangen.

2.1 Gebet

Unter der Rubrik "Gebet" (namaz) haben wir es in der Hauptsache mit zwei Typen von Information zu tun. Zunächst mittels rein sachlicher Erklärungen: z.B. des Unterschieds zwischen "küsûf" und "husûf", "vitir namazı" und "yatsı namazı", der verschiedenen Gebetszeiten und -anlässe, Fuß- und Körperhaltungen während des Gebets. Diese entsprechen dem Stil gängiger Religionsbücher und bedürfen keiner Kommentierung. Interesse verdient aber der Vorschlag eines Lesers in diesem Zusammenhang:

"Es gibt sehr wenige, die ihr Gebet korrekt verrichten. Manche werfen sich wie Schwachsinnige zu Boden, andere suchen die Sterne am Himmel. Bitte erklären Sie das doch anhand von Illustrationen in Ihrer Kolumne."

In der Antwort heißt es u.a.:

"Mit dem Gebet zusammenhängende Fragen bemühen wir uns so genau wie möglich zu erklären. Um die erwähnten Probleme aber anhand von Zeichnungen demonstrieren zu können, muß erst das Problem der Bilder (resim) geklärt werden.(3) Es sollte aber jeder die Leute in seiner Umgebung, welche die Bestimmungen des Fıqh gut kennen, beobachten." (21/12)

Der andere Typus von Information betrifft jeweils genau definierte, detailliert beschriebene Situationen, besonders dort, wo es darum geht, wie der Briefschreiber trotz oft widriger äußerer Umstände seiner Gebetspflicht korrekt nachkommen soll: z.B. Bestimmung der Qibla im Flugzeug oder auf tagelangen Bahnreisen, Beten im "Pijama" (4) oder am verschmutzten Arbeitsplatz, bei Freunden, die nach Alkohol riechen usf. Auch "innere" Umstände, d.h. psychischer Natur, bereiten Sorgen ob der Gültigkeit (sıhhat) der kultischen Handlung.

* Das Gebet soll zwar Zuflucht vor teuflischen Einflüsterungen und unsauberen Gedanken bieten, aber wenn man von Emotionen überfallen wird, die sich nicht steuern lassen, trifft einen keine Verantwortung. Rettung vor solchen Einflüsterungen, die eine Art Angstpsychose darstellen, bietet nur das Flehen zu Allah.(5) (09/02)

Ein Problem besonderer Art bildet das Freitagsgebet im nichtmuslimischen Ausland, da an einem Ort oftmals nicht genug Gläubige vorhanden sind, um eine Gemeinde zu konstituieren.(6) Hierzu heißt es u.a.:
"Der Islam richtet sich an die gesamte Menschheit. Ein Glaube, der in solcher Weise gemeinschaftsfördernd ist, achtet natürlich sehr auf Gemeinschaftsgeist und "Vereinsbildung" ... Der extreme Individualismus ist eine Eigenheit der westlichen Philosophie. Wenn man die Formen der Anrede im Koran aufmerksam betrachtet, stößt man oft auf die Worte 'o Menschen' und 'o Gläubige'. Deshalb muß der Gemeindezusammenhalt gestärkt werden; auch zwei Personen bilden eine cemaat, wenn einer von ihnen Vorbeter ist." (03/03)

2.2 Rituelle Waschungen

Auch die Probleme der Leserschaft mit der vor Gebeten und in anderen Situationen vorgeschriebenen rituellen Reinigung finden sich zum Großteil schon in den Religionsbüchern diskutiert. Es geht dabei vor allem darum, welche Umstände die "große" Reinigung (gusül) erforderlich machen, ob in einer bestimmten Lage die Sandabreibung (teyemmüm) genügt, sowie um Einzelheiten dieser Verrichtungen.

Die Frage, welche aus dem Körper austretenden Flüssigkeiten eine "große" rituelle Unreinheit (cenabet) verursachen, spielt eine große Rolle.

* Zum Beispiel: Es ist verboten, Bilder nackter Menschen zu betrachten, - da aber damit noch kein Geschlechtsverkehr stattgefunden hat, ist die Ganzwaschung nicht notwendig.(7) (07/11)

* Wenn am Arbeitsplatz kein Wasser zur Verfügung steht - wie etwa im Bergbau -, kann mit saubererer Erde die Reinigung vorgenommen werden; wichtig ist allerdings die vorherige Formulierung der Absicht (niyet). (8) Trotz aller Zwänge, denen die Menschen des 20. Jahrhunderts unterworfen sind und die das Einhalten der kultische Pflichten zunehmend er-

schweren, sollen sich die Muslime hüten, nachlässig zu werden, etwa weil sie die diesseitige Welt (dünya) dem Jenseits (ahiret) vorziehen.
(08/04)
* Die Waschung im Hamam wird als im Grunde "unislamisch" abgelehnt (28/01); denn es gilt als verwerflich, seine Geschlechtsteile (avret mahallı) im Beisein anderer unbedeckt zu lassen.(9)

Die Art und Weise, nach der die Waschung vor sich zu gehen hat, ist längst durch die Sunna geregelt; ebenso auch die Vorschriften über zu verwendendes Wasser etc. Hierzu erging beispielsweise die Frage, ob mit elektrischem Strom oder auch in der Sonne erwärmtes Wasser verwandt werden darf.(10) Die in Verbindung mit der kultischen Reinheit wohl am häufigsten geäußerte Sorge betrifft Zahnfüllungen, die nach manchen Rechtsgelehrten eine vollkommene Reinigung verhindern (27/01; 08/01; 10/09; 23/09).(11)

Übereinstimmend wird den Lesern in den einzelnen Antworten geraten, sich nicht in Verwirrung bringen zu lassen: z.B.
* Die Schafiiten erlauben grundsätzlich das Plombieren und Überkronen von Zähnen - und in Notlagen (zaruret) darf trotz der grundsätzlichen Verpflichtung zum Taqlīd auch fallweise einer anderen als der eigenen (hier: hanafitischen) Rechtsschule gefolgt werden. Denn Gott will es den Gläubigen nicht unnötig schwermachen. (10/09)

Betont wird in nahezu allen Auskünften, welch bedeutende Stellung im Islam der Reinheit zukomme.
* Deshalb hat der Gläubige vor allem darauf zu achten, sich vor dem Gebet jedweder Verunreinigung zu entledigen. Dazu zählen, weil der darin enthaltene Alkohol als unrein (necis) gilt, ebenfalls Parfums und Kölnischwasser.(12) (27/12)
* Die genaue Beachtung der kultischen Vorschriften bringt den Einzelnen dem Paradies ein Stück näher, vor allem wenn er auch andere dazu anhält und ermahnt. (05/02)

2.3 Wallfahrt

An diesem Thema bestand vergleichsweise geringes Interesse - es kamen lediglich drei Anfragen - was möglicherweise damit zusammenhängt, daß die vom Gesetzgeber seit 1947 prinzipiell wieder zugestandene Hadsch noch immer auf ein jährliches Pilger-Kontingent beschränkt bleibt und wohl auch aus Devisengründen nicht von jedem angetreten werden kann.

Eine der "Fetwas" beschäftigt sich mit dem Opfern in Minā, (11/09) in einer anderen wird dem Leser mitgeteilt, es sei Sünde, auf unlauterem Wege verdientes Geld (haram para, hier: aus dem Rauschgifthandel) zur Finanzierung der Reise zu verwenden, (12/06) und die dritte betrifft die Erlaubnis, anstelle eines früh verstorbenen Verwandten die Pilgerfahrt anzutreten.(13) (07/06)

2.4 Fasten

Die Rechtsauskünfte zum Fasten (oruç) lassen sich nicht leicht auf einen Nenner bringen. Hier geht es etwa um die Höhe der bei Verhinderung anstelle des Fastens zu zahlenden Almosen (fidye), (18/07) um das Altern von dem an Kinder der Fastenpflicht unterliegen, (05/07) an welchen Tagen außerhalb des Monats Ramadan das Fasten verdienstlich bzw. empfohlen sei, (18/04) und ob es durch Einnahme von Nasen- oder Ohrentropfen gebrochen werde (12/07) bzw. durch nächtlichen Samenerguß.(14) (14/05)

Die Frage, ob der Mond mit nacktem Auge erkennbar sein müsse, um eindeutig den Beginn des Ramaḍān feststellen zu können, wird zum Anlaß für eine Ermahnung genommen.
* Unnötige Streitigkeiten mit Glaubensbrüdern sind zu vermeiden. Leider wird dieser Gegenstand unnötig häufig diskutiert, obwohl er doch durch ein Ḥadīt klar definiert und damit Dogma (nas) ist. (14/04)

2.5 Almosen

Wesentliche Probleme in Zusammenhang mit den Almosensteuern (zekât, öşür, sadaka-ı fıtr), die von Kerimoğlu aufgrund der Leserbriefe angesprochen werden, sind: Auf welche Güter entfallen jene, von wem sind sie zu entrichten und wem kommen sie zugute?

Zum "Öşür" (arab. ʿušr):

"Der Zehnt ... behielt im Volksbewußtsein weithin seine religiöse Bedeutung. Darum wurde es als Eingriff in die Šarīʿa angesehen, als die GNV am 17. Februar 1925 das 'Zehnten-System' (aʿšār usulü) für abgeschafft erklärte."(15)

Die Abgabe des zehnten Teils von landwirtschaftlichen Erträgen scheint - inoffiziell - noch immer aktuell.

* Es wird darauf verwiesen, daß das Pachtrecht eines laizistischen Staates nichts mit Almosen zu tun hat, daß also neben den staatlichen Pachtabgaben der Zehnt zu entrichten ist, und zwar nicht nach dem offiziell gültigen "Mīlādī"-Kalender, sondern nach dem islamischen Mondkalender. (20/02)

Ein Bauer erhält auf seine Frage: "Manche Hodschas meinen, der Boden der Türkei sei Staatsland (mirî toprak) und darauf entfiele kein Zehnt" ähnlichen Bescheid.

* Diese Hodschas haben zwar u.a. nach Ebû Suʿûd grundsätzlich recht, aber durch den Kodex von Ofen (Budin Kanunnamesi) sei 1848 der Status des Bodens in Eigentum (mülk arazi) umgewandelt worden; mithin der Briefschreiber, sofern er in der Lage sei, den Boden zu verkaufen (sc.: darüber nach eigenem Gutdünken zu verfügen) zur Zahlung der Almosensteuer verpflichtet sei.(16)

Auskünfte über "Zekât":

* Das wichtigste Merkmal der Almosen besteht in der Tatsache, daß durch sie das Ungleichgewicht zwischen Arm und Reich gemildert wird. (27/02)

* Da Zakāt nicht auf Bargeld, sondern auf ein Mindestvermögen (nisab) entfallen, sind sie auch für Schuldtitel wie Rechnungen, Lastschriften etc. (30/04) und auf noch nicht verkaufte Güter zu entrichten. (14/03)

Da viele Geschäftsleute offensichtlich mit der "Ausrede", bereits Steuern und Sozialabgaben zu zahlen, auf das Almosenspenden verzichten wollen, wird besonderer Wert auf die Unterschiede zwischen Almosen und Abgaben an den Staat gelegt. Ein Geschäftsmann schreibt:

"Ich bin im Handel tätig. Jedes Jahr zahle ich eine Million TL an Steuern. Nun sagte mir ein Beamter des Diyanet, es gebe eine Fetwa des Şeyh ül-İslâm (!) Ibn Taimīya, nach der Steuern zu den Zakat zu zählen seien ..." (17)

Antwort: "Zur Zeit der rechtgeleiteten Kalifen (Hûlefa-i Raşidiyn) gab es gar keinen Unterschied zwischen Almosen- und gewöhnlichen Steuern. Letztere entwickelten sich nach und nach seit dem Omayyaden-Kalifen Yazīd (Emevi Halifesi Yezid), und nun begann der Streit darüber, ob man sie zu den Almosen rechnen könne oder nicht ...
Es steht fest, daß Ibn Taimīya dem hanbalitischen Madhab zuzurechnen ist. Für einen Muslim, der an die hanafitische Rechtsschule gebunden ist, steht nicht zur Disposition, nach einer Fetwa von Ibn Taimīya zu verfahren. Verschließen Sie sich teuflischen Einflüsterungen (şeytanî vesveseler) und vernachlässigen Sie das Almosenspenden nicht." (09/06)

3.1 Eheschließung

Eine radikale Abkehr von den über Jahrhunderte hinweg für die türkischen Muslime gültigen Regeln der Eheschließung bedeutete die Rezeption des Schweizer Zivilcodes im Jahre 1926. Im Widerspruch zur Scheria stehen vor allem die Anerkennung von Ehen zwischen Musliminnen und Angehörigen anderer Religionen sowie der Wegfall des Ehehindernisses der Milchverwandtschaft.

Von vielen Sozialwissenschaftlern wird daher angenommen und tendenziell auch durch Feldforschung bestätigt, daß die grundlegenden Wandlungen in der Gesetzgebung bisher im dörflichen Familienleben wenig Wirkung zeitigen.

"Bien que le mariage 'religieux' ne soit plus reconnu par les autorités comme un lien juridique entre un homme et une femme, un grand nombre des ruraux s'en contentent encore aujourd'hui ... D'après les lois, le mariage civil doit précéder le mariage religieux."(1)

Problematisch ist der Status der aus solchen "Imam-Ehen" hervorgehenden Kinder, welche allerdings vom Staat von Zeit zu Zeit "legitimiert" und den ehelichen Kindern gleichgestellt werden (zuletzt durch ein Gesetz vom 22.9.1981). Statistiken zufolge machen die außerehelichen Geburten heute - 59 Jahre nach Inkrafttreten des Medeni Kanunu - noch immer 32% der Gesamtzahl aus.(2)

Die <u>Millî Gazete</u> betont die Unterschiede zwischen der staatlichen Eheschließung (<u>Belediye evlenme aktı</u>) und einer islamischen Heirat; auf keinen Fall könne erstere für sich allein als gültig angesehen werden. Begründet wird dies vor allem mit der wichtigen Stellung, die der Religionszugehörigkeit im islamischen Recht zukommt.

"Auf keinen Fall kann eine gläubige Frau einen Nichtmuslim heiraten. Bei der staatlichen Eheschließung hingegen ist das nicht von Bedeutung. In einem laizistischen Staat darf zwischen Personen unterschiedlicher Religionszugehörigkeit kein Unterschied gemacht werden; diese Ansicht bildet das Prinzip des Laizismus. Wer seine Meinung kundtut, ohne diese wissenschaftliche Tatsache (<u>ilmi gerçek</u>) zu beachten, begeht einen Fehler." (07/09)

Für ganz besonders wichtig wird die Stärkung der Institution Ehe erachtet. So erhält ein Leser, den es interessiert, ob es auch als Unzucht (<u>zina</u>) anzusehen sei, "wenn jemand zu mittellos zum Heiraten ist und deshalb nur ein einziges Mal in seinem Leben außerehelichen Geschlechtsverkehr hat?" zur Antwort:

Natürlich, denn "die Vorschriften des Islam beziehen sich zuallererst auf fünf schutzwürdige Institutionen (maslahat cevreler)(3), wozu auch die Sicherheit der Familie gehört. Eine Gesellschaft, die von der Institution Ehe abrückt, setzt die Sicherheit der Nachkommenschaft aufs Spiel; - sollte dies absichtlich geschehen, so stellt man sich außerhalb der Glaubensgemeinschaft und wird zum Apostat (mürted). Deshalb dürfen geschlechtliche Beziehungen auf keinen Fall vor der gültigen Eheschließung aufgenommen werden." (06/09)

Für wie bedeutsam die Gültigkeit (sıhhat) der Ehe aus der Perspektive des Fiqh von den Gläubigen noch immer gehalten wird, zeigen die Anfrage zu den Bedingungen einer islamischen Eheschließung. So interessiert beispielsweise die Vorschrift einer sozialen Gleichstellung der Ehepartner (kefeat), welche vor allem durch Geburt und Beruf bestimmt wird (23/12)
Einem verbreiteten Volksglauben entspricht die Frage, ob ein Muslim eine Zigeunerin heiraten dürfe, oder ob diese Volksgruppe von vornherein "unrein" sei.(4) (28/06)
Die Bestimmungen des Islam darüber, ob die Zustimmung der Braut zu ihre Verheiratung vonnöten sei(5) und welche Verwandten unter das Inzestverbot fallen, werden erfragt. (25/05; 14/05; 29/01)
Des weiteren interessiert die Vereinbarkeit von Sitten und Bräuchen mit der Scheria: Darf man ein Mädchen, mit dem man die Ehe eingehen will, sehen und sprechen? (14/04)
Sind Hochzeitsfeierlichkeiten mit Musik und Tanz erlaubt? (14/11)
Wird der Brautschmaus (velime) vor oder nach der Hochzeitszeremonie ausgerichtet?(6)

Kontroversen zwischen Scheria und modernen Lebensverhältnissen mit größerer Relevanz für unsere Problemstellung werden zunächst beim Thema "Zeitehe" (muvakkat nikah) augenfällig. Bekanntlich erkennt der sunnitische Islam Ehen, die nur für eine bestimmte Frist geschlossen werden, nicht an. Dementsprechend wird diese "in der Türkei um sich greifende Sitte", welche es jungen Leuten ermögliche, frei miteinander umzugehen und sich beliebig zu treffen, strikt abgelehnt.
* Man soll diese Institution, in der jeder seine Aufgaben und seine Verantwortung zu tragen hat, nicht auf die leichte Schulter nehmen. (07/04)

* Die Bedingungen (şartlar, şurût) der Eheschließung, welche diese erst gültig machen, sind im Islam genau festgelegt.(7)   (21/10)

Interessant sind auch zwei Fragen zur Milchverwandtschaft, die der Koran (Sure 4,27) zum Ehehindernis erklärt. (Nach geltendem türkischem Recht hingegen steht - wie bereits erwähnt - der Verheiratung zweier Personen, die nicht leiblich verwandt sind, aber von derselben Frau gestillt wurden, nichts entgegen.) Die Anfragen kommen von jungen Mädchen, die in Kürze zu heiraten beabsichtigen. Beide werden abschlägig beschieden.

* Der Auserwählte kommt, da Milchbruder, nicht in Frage. Ob zwei Kinder gleichzeitig oder im Abstand mehrerer Jahre von ihrer Amme gestillt werden, spielt dabei gar keine Rolle; sie sind damit "einander verboten".   (01/10; im gleichen Tenor 12/04)
Ein Hinweis auf geltendes Recht erfolgt nicht.

3.2 Scheidung

Auch hinsichtlich der Eheauflösung brachte die Einführung eines säkularen Privatrechts Veränderungen mit sich. Als Scheidungsgrund zählen in der Türkischen Republik beispielsweise weder Kinderlosigkeit der Frau noch Religionsübertritt; dafür sind beide Ehepartner berechtigt, die Scheidung einzureichen. Die einseitige Verstoßung durch eine Willenserklärung des Mannes, der Ṭalāq, wurde offiziell vollkommen abgeschafft. Daß diese Form der Trennung in der Türkei dennoch gebräuchlich ist, zeigen die Auskünfte, die hierüber erbeten werden.

Ein einziges Mal kommt die Scheidung vor dem weltlichen Richter zur Sprache: Ob diese, von der Frau beantragt, auch in religiöser Hinsicht gültig sei?

* Die unterschiedliche Beschaffenheit des geltenden Rechtssystems und der islamischen Rechtsprechung ist stets zu beachten. Indessen ist auch vor dem Kadi die Frau bei groben Verfehlungen des Mannes zur Einreichung der Scheidung berechtigt.   (27/08)

* Es stimmt zwar, daß in der Regel der Mann zur Verstoßung ermächtigt ist, er kann aber darin keineswegs so verfahren, wie er will. Die Frau kann sich durch Festlegung von Bedingungen im Ehevertrag das Recht zur

Scheidung in bestimmten Situationen vorbehalten. Gott liebt nämlich die Unterdrücker (zâlim) nicht, vor allem nicht die von Frauen. (12/09)

Auf der anderen Seite wird die dreimalige Verstoßung (üçlü talâk) - wenn auch mißbilligend - ausdrücklich anerkannt.
Ein Leser klagt, er habe "eine bedingte Verstoßung (üçten dokuza şart)(9) ausgesprochen, daß meine Tochter, falls sie jenen Mann heiratet, die Schwelle meines Hauses nicht mehr überschreiten dürfe. Nun ist sie mit ihm davongelaufen, und keiner kann mir aus diesem Dilemma heraushelfen." Was diesem Mann Kopfzerbrechen bereitet, dürfte klar sein: Sobald seine Tochter von jetzt an sein Haus betritt, gilt seine eigene Ehe als geschieden (Wiederverheiratung wegen des Umwegs über eine Zwischenehe, Wartefristen etc. kompliziert). Entsprechend die Auskunft:
"Sie haben sich ihre Situation selbst zuzuschreiben. Ihre Tochter kann nicht zu Ihnen nach Hause kommen, sonst erfüllt sich die Bedingung. Die einzige Lösung besteht darin, daß Sie Ihre Tochter im Hause von Verwandten sprechen." (15/09)

In einem anderen Fall hatte ein Leser seiner Frau mit den gleichen Konsequenzen gedroht, falls sie noch einmal Verwandtschaft ins Haus bringe; was sie dennoch getan habe. Auch ihm wird beschieden, die Verstoßung sei gültig, wenn auch tadelnswert. ("Hanımınızın hiçbir suçu yokken, ... talâk-ı selase vermeye kalkmışsınız ki; bunun vebalı çok ağırdır.") (02/09)

Eine Leserin fragt an:
"Mein Mann hat mich in betrunkenem Zustand verstoßen ... Später bereute er das und wollte mich aus dem Hause meines Vaters zu sich zurückholen. Wir fragten einige Leute um Rat; jemand sagte, ein betrunken gefaßter Entschluß sei nicht rechtskräftig. Was ist zu tun?"(10)
Da diese Frau offenbar außerdem ihren Mann, seiner Trunksucht wegen, mit dem Verdikt "Ungläubiger" belegt, erhält sie die Auskunft:
"... Wenn aber das Urteil 'Kāfir', welches Sie in Ihrem Brief fällen, im Bewußtsein der hierfür gültigen Bestimmungen entstand, ist die Ehe aufgelöst (fesh). Beachten Sie all das und handeln Sie gemäß der Scheria!" (04/02)

An dieser Stelle wird deutlich, daß nicht etwa aus Nachlässigkeit oder weil das Wissen darum bei den Lesern vorausgesetzt wird, kein Hinweis auf geltende Rechtsprechung erfolgt. Vielmehr wird die Scheria als nach wie vor maßgeblich angesehen; und nach islamischem Recht löst das Leugnen von Glaubensartikeln bzw. der Gebrauch bestimmter Worte (elfâz-ı küfür) automatisch eine Ehe auf - keineswegs aber nach dem Zivilrecht der Türkischen Republik. (Denkbar wäre, daß es sich bei den in der "Fıkıh köşesi" behandelten Fällen um Imam-Ehen handelt; es ist aber müßig, darüber zu spekulieren, weil konkrete Hinweise fehlen.)

Speziell um die Situation des Leugnens von Dogmen geht es im folgende Beispiel, welches besonders gut den Versuch einer Beeinflussung im Sinne der Millî Gazete dokumentiert.

"Sie schreiben, Sie seien traurig darüber, daß Ihre Ehefrau einige Fragen des Islam zurückweist und einige Verbote nicht akzeptiert. Nachdem nun ein Hodscha Ihrer beider Ehe für aufgelöst erklärt hat, seien Sie noch viel trauriger geworden und nun wünschen Sie Information in dieser Sache.
Im Islam gibt es keine Handlungsweise, die den Menschen von seiner Glaubenspflicht entbinden könnte. Die Ehe stützt sich auf den Glauben. Wenn einer der Ehegatten irgendeines der Dogmen, an die zu glauben er verpflichtet ist (zarurat-i diniyye), leugnet - also etwa die Existenz der Engel, das Jüngste Gericht, Gebets- und Fastenpflicht etc. -, so gilt die Ehe als aufgelöst.(11)
Bringen Sie Ihre Gattin zu einem glaubensstarken Hodscha in Ihrer Nähe, der sich im Islam auskennt. Dieser Hodscha soll ihr die Dinge erklären, an denen sie zweifelt.(12) Inşallah wird dann alles verschwinden, was Sie traurig macht. Sie dürfen aber auch das Beten (dua) nicht unterlassen. Denn Ihre Frau hat sich wohl dazu verleiten lassen, das 'Freidenkertum' (hür düsünce) zu verteidigen. Dies ist eine Haltung von Leuten, die sich im Westen gegen das unsinnige Geschwätz der Kirchen auflehnen. Wir aber haben das Problem nicht, weil bei uns kein solches Verhalten existiert." (11/06)

3.3 Familie und Kindererziehung

Die Auskünfte zu diesem Thema zeigen die Bedeutung, die der Islam den Familienbindungen zuweist. Unterstrichen wird die Notwendigkeit gegenseitiger Unterstützung von Verwandten (<u>sila-i rahim</u>), da es hierzu mehrere Ḥadîte gebe. (10/12)

* Dem Eingehen einer Ehe liegt zunächst der Wunsch, sich fortzupflanzen, zugrunde. Darauf folgt erst die sexuelle Erfüllung. Die Ehe gilt als Sunna des Propheten, deshalb soll keinesfalls die Sorge um den Lebensunterhalt vom Heiraten und Kinderzeugen abhalten. Lediglich wenn man befürchtet, seine Kinder nicht so erziehen zu können, daß sie dem Bösen abhold bleiben - was in der gegenwärtigen, von Gottlosigkeit geprägten Epoche auch nicht einfach ist - darf man kinderlos und unverheiratet bleiben.(13) (16/02; 02/02)

* Die Pflicht der Eltern ist es, die Kinder im Sinne islamischer Moral zu erziehen. (18/05)

* Verantwortung dafür, daß die Familie zur Einhaltung des Gebets und der anderen Riten angehalten wird, trägt der Familienvater. Denn nur Familien, die in der Erfüllung der kultischen Pflichten übereinstimmen, können harmonisch und glücklich sein. (10/01)

* Zur ethischen und moralischen Anleitung der Kinder gehört auch ihre sexuelle Aufklärung und Erziehung, bei Mädchen durch die Mutter, bei Knaben durch den Vater. Dabei handelt es sich vor allem darum, den Kindern die "Grenzen zwischen Erlaubtem und Verbotenem" (<u>helâl ve haram hududları</u>) auch auf diesem Gebiet einzuschärfen. Ab dem siebten Lebensjahr sollen zudem Kinder männlichen und weiblichen Geschlechts nicht mehr im gleichen Zimmer untergebracht werden.(14) (25/06)

Für die Kinder gilt, daß sie sich prinzipiell nach dem Willen ihrer Eltern zu richten haben. Die Frage eines Jungen, "Ist es erlaubt, gegen den Willen der Eltern, aber in guter Absicht und mit dem Vorsatz, zurück zu kommen, das Haus zu verlassen?" wird streng verneint.

* Nur wenn die Eltern etwas befehlen, das gegen göttliche Gebote verstößt, muß man sich die in der jeweiligen Situation gültigen Grenzen zwischen Erlaubtem und Verbotenem vor Augen führen und dem Islam gemäß handeln.(15) (29/06)

3.4 Frauenfragen

Die in diesem Kapitel zusammengefaßten Probleme entspringen vor allem der Konfrontation islamischer Normen mit europäischen Vorstellungen von Gleichberechtigung. Es handelt sich dabei um Aspekte der Beziehungen zwischen den Geschlechtern und allgemein um die Rolle der Frau in der modernen Gesellschaft.

Zur ersten Kategorie lassen sich etwa Fragen rechnen, ob Frauen männliche Ärzte konsultieren dürfen (erlaubt in Notlagen - zaruret - auf jeden Fall, denn in der Medizin ist nichts tabu - ayıp), (12/03) oder ob eine Frau einem Mann den Gruß (selam) entbieten darf.(16)
(16/09; 23/12)

Eine deutliche Warnung vor Übernahme oder Diskussion "westlichen" Gedankenguts liegt in der Antwort:

"Jeder Mensch, der für oder wider die These von der Gleichberechtigung der Frau im Islam streitet, muß Buße tun, denn ein solcher Streit ist Bidʿa. Darin, daß beide den Vorschriften der Religion unterworfen sind, sind Mann und Frau gleich." (18/12)

Ob der Inhalt von Vers 228 der Sure al-Baqara: "Und die Männer stehen eine Stufe über ihnen" sich wohl auf das irdische Leben oder aber auf das Jenseits beziehe, will eine Leserin wissen, erhält jedoch nur indirekt Antwort.

* Vom rechtlichen Standpunkt aus gibt es zwischen den Geschlechtern keinerlei Unterschiede, ob es nun um den Bereich Ehe, Scheidung oder um die Erbteilung gehe.(17) "Manches mag zwar auf den ersten Blick ungerecht erscheinen, wenn man indessen erst die Wahrheit über diese Punkte herausgefunden hat, wird sofort das Gegenteil deutlich." (01/03)

Ein wesentlicher Kollisionspunkt zwischen islamischen Wertvorstellungen und den Normen der modernen Gesellschaft besteht in der weiblichen Berufstätigkeit. Sollen Frauen überhaupt arbeiten? Haben diejenigen recht, die behaupten, Frauen könnten außer dem Richteramt jeden Beruf ausüben?

* Der Islam - darin stimmen die jeweiligen Responsa überein - will den Frauen keinerlei Sorge um das materielle Wohlergehen der Familie aufbürden. Beiden Geschlechtern werden, je nach ihren natürlichen Anlagen (fıtrat) Pflichten und Rechte zugewiesen, und für den Unterhalt der Familie hat der Mann aufzukommen.

* Gewiß dürfen Frauen außer den scheriatrechtlichen Strafen und Vergeltungsmaßnahmen jedwede Angelegenheit in die Hand nehmen, wenn sie das wünschen. Welche Ämter und Berufe sie ausüben dürfen, ändert sich je nachdem, ob sie sich im Dār al-Ḥarb oder im Dār al-Islām aufhalten (in welchem Sinne, wird leider nicht erwähnt). (07/09)

"Der Feminismus ist eine Ideologie, entstanden in Gesellschaften, die sich in der Endphase der industriellen Revolution befinden und bestrebt sind, sich billiger Arbeitskräfte zu bemächtigen ... Die Feministinnen verteidigen die Ansicht, Frauen hätten um jeden Preis zu arbeiten. Die Absichten, die dahinter stecken, sind offensichtlich ...
Wer sich des Slogans, 'Frauen sollen arbeiten' bedient, betreibt Volksverhetzung (demagoji)."(18) (28/12)

Eine große Bedrohung der islamischen Gesellschaftsordnung wird in der Vernachlässigung der Kleidervorschriften durch die moderne Frau gesehen Einerseits stelle doch die Verhüllung eine Schutzmaßnahme für sie dar ("kadının büyük silahı ise onun başörtüsüdür"), andererseits bilde das weibliche Scham- und Ehrgefühl die Garantie für eine heile Gesellschaft ("İffet ve haya duygularını kaybetmiş kadınlar cemiyeti fesada vermede, dejenere etmede birinci derecede etkin sayılırlar").

Nichtmuslimischen Frauen gegenüber soll sich die Muslimin wie in Männergesellschaft verhalten und sich mit ihnen überhaupt nur abgeben, wenn es unbedingt notwendig oder ausdrücklich erlaubt ist.

"Eine gläubige Frau hat sich in Gesellschaft einer nichtmuslimischen Frau wie im Beisein eines (fremden) Mannes zu verhalten. Wenn sie gezwungen ist, sich an einem Ort gemeinsam mit Frauen aufzuhalten, die ein liederliches Leben (fısk-ı fücur) führen und sich wie Männer benehmen, soll sie sich verschleiern. Diese Notwendigkeit kann auch durch einen legitimen Zweck hervorgerufen werden, wie 'das Gute zu gebieten' (emr-i bi'l ma'ruf)." (17/09)

Festzuhalten beibt im Hinblick auf die Fragestellung, die unserer Analyse zugrunde liegt: Auch auf diesem Gebiet sind Versuche der Beeinflussung auf dem Wege der Information - und zwar deutlich gegen die von Atatürk propagierten Ziele - zu konstatieren.

3.5 Geburtenkontrolle

Auf das Thema Bevölkerungsplanung bezogen ist die Haltung der Millî Gazete so eindeutig festgelegt, daß gleichgerichtete Auskünfte auf nahezu alle Anfragen hin erteilt werden.

* Danach stellt jede Form von Geburtenkontrolle die Absicherung der Generationenfolge, das Gewährleistet-Sein von Nachwuchs (nesil emniyeti) in Frage und ist daher abzulehnen. Wer den Thesen des "papaz Malthus" (vgl. Kap. 1, Anm. 6) folgt und einen Schwangerschaftsabbruch vornimmt, ist ein Mörder.   (29/09; 07/08)

* Denn Abtreibung (kürtaj) ist ein Verbrechen, das der Islam nicht gestattet.(19)   (02/02)

* Die Beziehung, die Malthus zwischen Bevölkerungswachstum und Hungersnot aufstellt, ist nichtig (bâtil), denn nicht der Mensch ist es, der das tägliche Brot gibt, sondern Gott. Ungeborene Kinder aus Sorge um den Lebensunterhalt zu töten, ist also Aufstand gegen ihn (isyan). (20) Jede gegenteilige Behauptung zeugt von Glaubensschwäche und Mangel an Gottvertrauen.   (18/09)

* Kontrazeption in jeder Form ist verboten, ausgenommen der coitus interruptus (azl), der mit Zustimmung der freien Frau praktiziert werden darf.   (27/12)

Für die Bevölkerungsplaner in der Türkei stellt ein solches Verdikt, an das sich noch dazu der größte Teil der religiös eingestellten Bevölkerung halten dürfte, natürlich ein schwerwiegendes Hindernis dar.(21) Die bereits erwähnte Fetwa des Diyanet erlaubt Schwangerschaftsabbruch lediglich aufgrund medizinischer, keineswegs aber sozialer Indikation. Der damals stellvertretende Präsident des Diyanet, Lütfi Doğan, begründete dieses Urteil 1970 einem Journalisten gegenüber mit Sure 17,31: "Und tötet nicht eure Kinder aus Furcht vor Verarmung! Wir bescheren ihnen und euch (den Lebensunterhalt). Sie zu töten ist eine schwere Verfehlung." Deshalb sei jede Maßnahme, die aus anderen Gründen als Lebensgefahr für die Mutter vorgenommen werde, und die darauf abziele, die Fortpflanzung der Menschen und das Bevölkerungswachstum im Lande zu verhindern, vom Standpunkt der Religion aus unannehmbar. Kurz, jeder Versuch der Geburtenkontrolle, außer in Notfällen, widerspreche islamischen Prinzipien.(22)

3.6 Erbschaft

Erstaunlich wenig Interesse ließen die Leserzuschriften im Bereich des Erbrechts erkennen. Im wesentlichen bilden Details zur Testamentsvollstreckung und Nachlaßverwaltung ihren Gegenstand; z.B.: Welche Bedingungen muß der Vormund (veli), der die Erbschaft eines Kindes bis zu dessen Volljährigkeit verwaltet, erfüllen? (09/05) Darf man den Nachlaß eines Verstorbenen, den dieser für wohltätige Zwecke bestimmt hat, in Form von Bargeld stiften? (07/05) Gefragt wird, wie in einem bestimmten Fall das Erbe aufzuteilen sei (18/10) und ob dies, wie es in Anatolien verbreitet zu sein scheint, schon vor dem Tode des Erblassers geschehen dürfe. (28/09)

Allerdings fällt an den Rechtsgutachten zum Thema Nachlaß auf, daß auch hier Ermahnungen ausgesprochen werden, die eindeutig der - seit Inkrafttreten des ZGB am 4.10.1926 - geltenden Rechtssprechung entgegenstehen.
 * Die Erbteilung hat sich nach den vom Propheten empfohlenen Verfahrensweisen zu richten, sonst ist der ererbte Besitz "verboten". (28/09)
 * Für jeden Gläubigen ist außerdem die Kenntnis der Erbschaftsbestimmungen individuelle Pflicht (farz-ı ayn).(23)

4. Strafrecht

Den Hinweis darauf, daß die den Lesern in ihrer Situation erteilte Auskunft für sie gar nicht eigentlich relevant ist - weil sie ja offiziell an das türkische Gesetzbuch gebunden sind - vermißt man selbst im Bereich des Strafrechts. Da im übrigen die meisten in der Millî Gazete behandelten Fragen nicht einmal nur in abstrakter, hypothetischer Form (etwa: "Was wäre nach islamischem Recht die Strafe für ..."), sondern auf konkrete Einzelfälle bezogen gestellt werden, lohnt es sich, auf einige davon detailliert einzugehen. Zur besseren Dokumentation der sich darin ausdrückenden Denk- und Wertungsmuster wollen wir einige der entsprechenden "Fetwas" in geraffter Form wiedergeben.

a) Quaestio. "Der Zustand des Landes, in dem wir leben, ist bekannt. Deshalb, Sie werden es mir verzeihen, schreibe ich unter einem Pseudonym.
Wenn jemand ein Gut stiehlt, wird ihm nach islamischem Recht dann die Hand abgehackt? Ich frage deshalb, weil die Feinde des Islam dies behaupten und darüber spotten, daß so etwas in unserem Jahrhundert noch möglich sei."

Responsum. "Die Religion des Islam hat Gebote und Verbote (hükümler) aufgestellt, die Leben, Besitz und Nachkommenschaft der Menschen sichern. Um die Sicherheit des Eigentums zu gewährleisten, sind natürlich für Diebstahl Strafen festgesetzt worden. Das Abhacken der Hände ist eine durch Koran, Sunna und Iǧmāʿ - und nicht etwa durch irgendeine Gruppe von Menschen - verhängte Strafe.(1)
Die ideologischen Machenschaften von Leuten, die die unabänderlichen Worte Allahs (muhkemât), welche die Beziehungen der Menschen untereinander regeln, mit solchen Bemerkungen verächtlich machen wollen, liegen offen zu Tage. Diese Personen schrecken vor rhetorischen Wortverdrehungen nicht zurück. Der kürzeste Weg, ihnen das Problem deutlich zu machen, ist die Frage: 'Wenn ihr keine Diebe seid, warum habt ihr dann Angst vor dieser Strafe?'" (16/12)

b) Q. "Bei einem Familienstreit gab es durch meine Schuld ein Unglück: eine schwangere Frau verlor ihr Kind. Nun fühle ich mich als dessen Mörder."

R. "Es lag sicherlich nicht in Ihrer Absicht, das Kind im Mutterleib zu töten. Wenn aber ein solcher Tatbestand vorliegt, ist es nötig, nach der Scheria zu verfahren. Nachdem Sie die Ǧurra(2) gezahlt und damit Buße getan haben, können sie in Frieden ein rechtschaffenes Leben (sırat-ı müstakim) führen." (06/10)

c) Q. "In unserem Dorf wurde jemand umgebracht: der Täter ist unbekannt Ein Hodscha sagte, zunächst sei die Qasāma(3) und dann die Zahlung der Dīya notwendig, die Anverwandten des Opfers bestehen darauf."

R. "Wenn in einer islamischen Gesellschaft eine Leiche aufgefunden wird deren Mörder man nicht kennt (fail-i meçhul), müssen mindestens 50 Personen in der Umgebung bei Allah schwören, daß sie es nicht getan haben. Dann müssen die Dorfbewohner den Hinterbliebenen das Blutgeld (diyet) zahlen. Im Islam ist kein ungesühntes Blutvergießen erlaubt. Die hanafitischen Fuqahā bezeichnen die nach dem Schwur bezahlte Summe nicht als Strafe, sondern als Kompensation.
Da in Ihrem Brief nichts über den Fundort ausgesagt ist, - wird die Leiche an einem öffentlichen Platz gefunden, so zahlt das Beyt ül-Mâl - können wir nichts weiter dazu sagen. Es ist aber möglich, den oben gegebenen Informationen gemäß zu verfahren." (19/06)

d) Q. "Darf in einem Land, das kein islamisches Recht anwendet, eine durch klare Gebote auferlegte kultische Pflicht (ibadet) wie die Talio (kısas)(4) von Privatpersonen ausgeübt werden? Etwa in der Weise, daß jemand den Mörder seines Vaters auf die gleiche Art tötet?"

R. "Wenn das Ereignis sich im Dār al-Ḥarb zuträgt, entfällt das Wiedervergeltungsrecht, im Dār al-Islām wird Vergeltung vom Oberbefehlshaber (Ulu'l emr) nach festen Regeln verübt.(5)
Nach hanafitischer Lehre kann der Geschädigte bzw. dessen nächster Verwandter unter der Bedingung, keine unnötige Grausamkeit walten zu lassen, diese selbst vornehmen. Deshalb bedeutet es nicht Wiedervergeltung wenn man den Mörder seines Vaters auf die gleiche Weise umbringt, sondern Blutrache (kan davası)." (17/10)

e) "Sie fragen, welche Strafe nach der Scheria wegen des von Ihnen beschriebenen Vorfalls (Notwehr gegen versuchte Vergewaltigung) auf sie zukommt.

Wenn ein männlicher Muslim unter Zwang unzüchtig handelt, begeht er eine Sünde, aber die Ḥadd-Strafe für Unzucht ist nicht erforderlich. Bei Frauen ist das natürlich anders; bei Gewaltandrohung dürfen sie nachgeben. Wenn eine Frau Gelegenheit findet, den Angreifer zu töten, ist das kein Mord, d.h. Sühnung (kısas ve diyet) ist nicht notwendig. Sie können in dieser Hinsicht beruhigt sein. Da auf ihrer Seite kein Gefühl im Spiel war, trifft Sie nach der Scheria keinerlei Schuld."(6) (16/07)

f) "Sie haben ohne jeden Beweis die Ehre (şeref ve haysiyet) einer gläubigen Frau beleidigt.

Sollte dies im Dār al-Islām stattgefunden haben, so werden Sie mit strenger Züchtigung bestraft und fürderhin vom Zeugenstand ausgeschlossen.(7)
Tun Sie Buße und halten Sie Ihre Zunge im Zaum, um nicht wieder in denselben Fehler zu verfallen. Urteilen Sie in keiner Angelegenheit, die nicht eindeutig festgestellt (beyyin ve ikrar ile sabit) ist." (01/12)

Wie aus den aufgeführten Beispielen ersichtlich, erhalten die Leser zwar einerseits die Information, daß die ihnen an die Hand gegebenen Verhaltensmaßregeln lediglich in einem Land mit islamischer Rechtsprechung und Verwaltung (dies ist die allgemeinste Definition des Terminus "Dār al-Islām"; s.u. Kap. 9.2) Gültigkeit besitzen. In einigen Fällen hingegen werden ganz offensichtlich Anweisungen übermittelt, die sich in einer Weise auf die konkret geschilderte Situation beziehen, welche den Eindruck entstehen läßt, die Scheria sei noch immer in Kraft. Diese Einstellung scheint übrigens gleichermaßen in den Formulierungen der Leserzuschriften auf.

5. Wirtschaft

"Es gibt aber zu allen Zeiten und Orten Fromme, welche, wenn es ohne allzugroße Schwierigkeiten geht, in ihren Privatgeschäften gern jenem kanonischen Rechte Rechnung tragen. Solche sind es, die bei angesehenen Schriftgelehrten über die Lehren des Gesetzes Auskunft einziehen ... Alle lokalen Handelsbräuche, Arten des Darlehens, der Verpfändung, Vermietung usw. findet man in den Anfragen beschrieben, und die Fetwas entscheiden mit Belegen aus der Gesetzesliteratur, in welche der fünf gesetzlichen Kategorien ... jede Handlung hineingehört." (1)

Daß die hier erwähnten "Frommen" auch in der heutigen Türkei kein gar so seltenes Phänomen darstellen, zeigen die zahlreichen Anfragen, die zu ökonomischen Themen an die Millî Gazete ergingen. Obwohl bereits in der Tanzimat-Zeit die Zuständigkeit der Scheriatgerichte auf dem Geschäftssektor stark eingeschränkt wurde (Errichtung eines Gemischten Handelsgerichts 1848, Einführung des französischen "Code de Commerce" 1850), und ein modernes Handelsrecht existiert (Türk Ticaret Kanunu, durch Gesetz Nr. 6762 vom 1.1.1957), scheinen manche Gläubigen nicht bereit, koranische Verbote der wirtschaftlichen Prosperität zu opfern. B. Scarcia Amoretti, die in der Rückführung aller Transaktionen auf koranische Prinzipien den Versuch sieht, Kapitalakkumulation zu verhindern und damit soziale Gerechtigkeit schaffen zu wollen, kommt zu der Einschätzung

"... l'aspetto economico della Turchia non ha compiuto, da un punto di vista industriale, un salto qualitativo tale da non offrire all'islam spunti per un'intromissione di giudizio sulla condizione di tale realtà; in altre termini, la situazione si presenta ancora in consonanza con la tradizione, tanto che nessuna inadeguatezza viene sentita da parte islamica."(2)

Aspekte einer islamischen Wirtschaftsordnung, die sich in dieser Situation als "dritter Weg" zwischen Kapitalismus und Kommunismus präsentiert, sollen in diesem Kapitel anhand von Rechtsgutachten der "Fıkıh köşesi" untersucht werden.

Eine klare Einteilung der Themen, die sich dem angesprochenen Bereich zuordnen lassen, ist nicht möglich, weil sich alle Probleme in der einen oder anderen Weise aufeinander beziehen. Die hier vorgenommene Unterteilung entspricht dem jeweils zentralen Gegenstand einer Anfrage und verläuft deshalb auf unterschiedlichen Ebenen.

5.1 Zinsen

Weil die "Grenzen zwischen Erlaubtem und Verbotenem" im Islam die Interessen und die Sicherheit der am Wirtschaftsleben beteiligten Personen garantieren sollen, sind sie von den Vertragsparteien genauestens zu beachten. Denn aufgrund dieser "ethischen Überwachung des Rechtsverkehrs" (Bergsträsser) gelten alle Vertragsabschlüsse und sonstigen ökonomisch relevanten Rechtshandlungen als ungültig bzw. nichtig, wenn sie von der Scheria verbotene Geschäfte zum Ziel haben.

Zu den Grundsätzen des islamischen Rechts gehört das Verbot ungerechtfertigter Bereicherung, insbesondere durch Wucher (<u>riba</u>) und Zinsgeschäfte. Welche Konflikte durch die Konfrontation des Zinsverbotes mit dem modernen Wirtschaftssystem der Türkei auftreten, zeigen die folgenden Fragen: Dürfen verzinste Darlehen des Staates an Beamte (11/10), landwirtschaftliche Kooperativen (29/08) oder Bauherren (06/11) angenommen werden?
Sind unverzinsliche Einlagen bei einer Bank erlaubt? (27/12; 26/08)
Dürfen die Muslime in Europa die Sparzinsen der europäischen Banken kassieren (29/09) oder bei diesen Instituten arbeiten? (17/10)

Die Haltung der <u>Millî Gazete</u> dem Zinsproblem gegenüber läßt sich wie folgt zusammenfassen.

* Alle Fuqahā sind sich darin einig, daß zwischen Muslimen auch im Dār al-Ḥarb Zinsgeschäfte verboten sind; daß dort aber von Ungläubigen Zinsen genommen werden dürfen, falls der Imam dies für dem Wohlergehen der Muslime (<u>maslahat-ı müslimûn</u>) für zuträglich hält.(3)   (11/10)

* Der direkte Zusammenhang zwischen Zinsnehmen und Inflation ist ja bekannt (24/12), in der Türkei sind aber inzwischen Zinsgeschäfte so verbreitet, daß kein Frommer, der das Lebensnotwendige für sich beschaffen will, sich dem entziehen kann ("kendi iradesi ile faizli işlemlerden kaçınan mü'minlere bile faiz tozu bulaşır").(4)   (29/08)

Im Zusammenhang mit Rentenkassen und Landwirtschaftsbanken heißt es:
"Viele Gläubige aus verschiedenen Landesteilen der Türkei richten die gleiche Frage an uns. Die Türkei ist ein demokratischer, laizistischer Staat, dessen Gesetzen ... Sie unterworfen sind ... Die Gesetze zu übertreten, ist nicht empfehlenswert."

Andererseits ist nach islamischem Recht das Zinsnehmen von Muslimen untereinander verboten. In beiden Verhaltensweisen liegt eine Gefahr: Ungehorsam gegenüber Gott vs. Ungehorsam gegenüber dem Staat.
"Eine Situation, wie Sie sie oben beschrieben haben, ist ziemlich knifflig. Zu ihrer Lösung könnte der Vers: 'Gehorcht denen unter euch, die zu befehlen haben (ulu'l emr)' beitragen. Da wir uns aber nicht in einer solchen Lage befinden, hieße es unsere Grenzen zu überschreiten, wenn wir einen klaren Rat erteilen wollten. (5)
Allen unseren Brüdern, die uns Fragen im Zusammenhang mit verzinsten Krediten stellen, können wir nur diese gemeinsame Antwort geben. Das ist das letzte Wort, das wir in dieser Angelegenheit ... sprechen können." (06/11)

5.2 Handel

Die Millî Gazete beklagt, daß auf dem Gebiet des Handels die scheriatrechtlichen Vorschriften vernachlässigt werden, da doch die von Allah gezogenen Grenzen über alle Zeiten hinweg gültig seien. Leider dringe immer mehr zeitgenössisches Gedankengut in die islamische Wirtschaftsliteratur ein. (05/10; 28/10; 23/12)

Den Handel bestimmt aus der Sicht des islamischen Rechts ebenfalls das Verbot ungerechtfertigter Bereicherung (durch Quantitätsverschiedenheit und Stundung der Leistung vor allem bei Termingeschäften). "Fetwas" zu Termin- und Ratenverkäufen beruhen auf dem Verbot des Wuchers durch "zweimaligen Verkauf" (bir satış içinde iki satış) und wenden sich zumeist gegen die Gewinnspannen, die eine Grundlage des modernen Tauschgeschäfts seien. (23/12; 30/09; 24/12; 08/11)
 * Erlaubt ist es, der Handelsware einen Arbeitslohn (kâr haddı) hinzuzurechnen,(6) (23/11)
 * denn der Islam gestattet nicht, Waren, ohne sie zu bearbeiten, zu einem höheren Preis wiederzuverkaufen (16/02)
 * oder bei Vorauszahlung (peşin) einen Preisabschlag zu gewähren. (7)
(30/09; 28/10)

Angesichts des Wertverlustes der TL ist es nicht schwierig, für solche Anordnungen einen Konflikt mit der ökonomischen Realität voraus zu sagen. Andererseits läßt sich nach hanafitischer Lehre Inflation auch nicht künstlich "stoppen", denn außer für Grundnahrungsmittel und Tierfutter dürfen seitens des Staates keine Höchstpreise und Löhne festgesetzt werden. (11/11; 16/11)

Bemerkenswerte Konsequenzen (ohne Angabe einschränkender Bedingungen) drohen Geschäftsleuten für Schwarzhandel, Horten von Waren und überhöhte Preise: Personen, die darein verwickelt sind, werden sofort von den "Marktaufsehern" bestraft.(8)

Neben den Konditionen des Handels bildet auch die res in commercio den Gegenstand von Rechtsauskünften.

* Nach den Vorschriften des islamischen Gesetzes kann nicht gehandelt werden mit verbotenen Waren - Sachen, an denen kein Eigentumsrecht besteht und die demzufolge keinen Preis haben - z.B. Rauschgift, Götzen (put), Schweinefleisch, Bildsäulen (heykel) oder Alkohol. (30/05)
In nichtislamischen Gebieten besteht eine Ausnahme von dieser Regel:
"Bei den Hanafiten wird der Rauschgifthandel mit Züchtigung (ta'zir) bestraft. Denn er ist dem Zinsnehmen und dem Handel mit anderen verbotenen Waren gleichgesetzt ...
Wenn aber ein Muslim im Dār al-Ḥarb lebt, kann er von den Ungläubigen Zinsen nehmen."(9) (12/06)

5.3 Steuern

Ein weiteres Problem in Zusammenhang mit den ökonomischen Bedingungen eines nichtmuslimischen Staates stellen die Steuern dar, deren mögliche Konfusion mit der religiösen Almosensteuer bereits angesprochen wurde. Letzteres bestimmt auch den Inhalt der dazu erteilten Auskünfte, deren Polemik vor allem Publikationen und Institutionen trifft, die das Steuerzahlen als religiöse Pflicht deklarieren, deren Unterlassen einer Sünde gleichkomme.

"Leute, die so etwas schreiben, haben das Wesen eines laizistischen Staates nicht begriffen.
Wer seine Steuern gewissermaßen als Erfüllung einer religiösen Pflicht (ibadet niyetiyle) zahlt, verleiht den sie festsetzenden staatlichen Kontrollorganen einen göttlichen Rang (ilâhi noktası).(10) Deshalb arbeitet der Staat bei der Bekanntgabe von Steuergesetzen gerne mit den Begriffen 'Sünde' und 'Verdienst' (günah ve sevap). Das Parteigängertum der von Ihnen erwähnten muslimischen Zeitschrift ist schwer zu erklären." (24/12)

"Der Staat braucht die Steuern, um die Wirtschaft zu sanieren und notwendige Aufgaben durchzuführen. Wer seine Steuern nicht zahlt, macht sich des Verstoßes gegen ein Gesetz schuldig, ist aber kein Sünder (faasik). Wer Erklärungen wie Sünde und Verdienst gebraucht, nähert die ökonomischen Grundlagen des Staates dem Islam an; der Standpunkt des Präsidiums für Religiöse Angelegenheiten (Diyanet İşleri Başkanlığı) in dieser Sache ist falsch."(11) (27/07)

5.4 Verträge und Obligationen

Kehren wir in die Sphäre der privaten Geschäftsabschlüsse zurück. Unter die Kategorie "Verträge und Obligationen" werden hier Miet- und Schuldverhältnisse, Erwerbsgesellschaften und ähnliche Rechtsgeschäfte gefaßt. Die hierzu erteilten Sachinformationen und Handlungsanweisungen lassen als regulative Prinzipien wenige ethische Maximen erkennen, aus denen die für Vertragsabschlüsse gültigen Regelungen kasuistisch abgeleitet werden.

* Von einem Gläubigen, der ein Geschäft eingehen will, sind die diesbezüglichen Vorschriften des Fiqh genauestens zu studieren ("hem de en ince ayrıntılarına kadar"), um scheriatgemäß handeln zu können. (05/10)

* Die Basis eines Vertragsabschlusses ist gegenseitiges Vertrauen. Demnach besteht keine Notwendigkeit für eine eidliche Bekräftigung (yemin) der lauteren Absichten. Eine einfache mündliche Erklärung genügt.
(08/03; 03/06)

* Als abgeschlossen gilt der Vertrag nach Abgabe gegenseitiger Deklaration des Angebots und der Annahme (icab ve kabul). (08/03)

* Liegt eine arglistige Täuschung (hile) vor, ohne die der Vertrag nicht zustandegekommen wäre, so hat der Betroffene das Recht, den Vertrag aufzulösen. (11/05)

Informationen zu Spezifika des islamischen Mietrechts (12) lassen sich unserem Material kaum entnehmen, denn dort geht es vor allem um Details der Haftung (27/03), der Vermietung von Gemeinschaftsbesitz (11/03) und des Pachtrechts (20/09).

Einen Hinweis liefert lediglich die Abgrenzung, "im Islam gibt es nichts, was einer Abstandszahlung (hava parası) anläßlich der Überlassung einer Wohnung gleichkäme. Dies ist eine Krankheit des Kapitalismus." (26/02)

Besonderes Interesse unter den Schuldverhältnissen verdienen die zinslosen Darlehen (karz-ı hasen), weil sie eine religiöse Pflicht darstellen, die durch Koran und Sunna empfohlen wird. Wie alle anderen kultischen Pflichten ist auch diese an Bedingungen (şurût) und an eine Absichtserklärung (niyet) gebunden.(13) (01/11)

"An dieser Stelle könnte man sich fragen: Wie kann in einer inflationsgeplagten Gesellschaft ein zinsloser Kredit gegeben werden? ... Die Gläubigen sollen Kredite nicht in Notengeld, sondern in Gold und Silber vergeben. Die Rückforderung hat ohne jeden Aufschlag zu geschehen. Andernfalls nimmt die Brüderlichkeit unter den Gläubigen Schaden ... Denn die Strukturen des Welt-Kapitalmarktes sind ja bekannt." (21/09)

Die Darlehen, von denen hier die Rede ist, werden ausdrücklich als soziale Institution verstanden, als ein Akt der Solidarität der Reichen mit den Armen. Konkret kann das z.B. eine Studienförderung bedeuten: "Wir müssen der muslimischen Jugend helfen zu lesen, zu studieren, um ihrer Nation und ihrem Vaterland würdige Dienste zu erweisen." Leider bleibe es in dieser Hinsicht oft bei schönen Worten. (24/04)

Eine weitere interessante Vertrags-Variante bildet die "stille Beteiligung" (müdarebe).(14)

* Muḍaraba bedeutet keine Gesellschaft im üblichen Sinne, sondern ein Abkommen auf der Basis einer Gewinnbeteiligung, wobei ein Partner das Kapital und der andere die Arbeit beisteuert. Den Verlust trägt der Kapitaleigentümer, während der Gewinn zu den vereinbarten Bedingungen, meist 50 zu 50 geteilt wird. (27/09; 12/05)

* In dieser Hinsicht weicht die Muḍaraba stark von anderen Finanzierungsformen wie Kredit oder Darlehen ab. (Sie ist eine der gebräuchlichsten Umgehungen des Zinsverbots). Gültig wird sie durch Übergabe des Kapitals mit den Worten: "Bunu çalıştır, kâr ve zarar ortak olalım" (Laß dies arbeiten, wir wollen Gewinn und Verlust teilen). (08/12)

In der Türkei scheinen bereits einige Unternehmer mit ihrer Werbung auf derartige Assoziationen zu zielen.

Quaestio. "In Zeitungsannoncen steht manchmal, man garantiere eine Gewinnspanne ('falan ticaret yüzde 9 kâr veriyor'), dies sei aber kein Zins. Erlaubt die Scheria solche (Geschäfte)?"

Responsum. "Damit der Vertrag (akd-i müdarebe) gültig ist, müssen Gewinn und Verlust von Kapitalgeber und Unternehmer geteilt werden.

Wenn hingegen behauptet wird, man garantiere 9% Reingewinn, dann trifft das zu, egal ob und wieviel Gewinn (seitens des Unternehmens) gemacht wird. Jeder, der über einen gesunden Menschenverstand verfügt, wird zugeben, daß dies offenem Zinsnehmen gleichkommt." (27/09)

* Geht indessen bei der Gründung einer Gesellschaft alles mit rechten Dingen zu, d.h. werden die Vorschriften der Scheria beachtet und vertrauen die Partner einander, so ist Gott mit ihnen. Wenn aber jemand von Gott unterstützt wird, so stellt sich der Erfolg von selber ein. ("Allah'ın kendisine yardımcı olduğu kimse ise mutlaka başarılı olur.") (28/09)

6. Speise- und Kleidungsvorschriften u.a.

In diesem Kapitel fassen wir Gebote und Verbote aus verschiedenen Bereichen der islamischen Jurisprudenz zusammen, deren Einhaltung für die türkischen Muslime in ihrer modernen Lebenswelt (oder, aus einem anderen Blickwinkel, inmitten einer "sittenlosen" Umwelt) problematisch ist, die aber als göttliche Verhaltenserwartungen an den Einzelnen einen Teil des muslimischen Selbstverständnisses ausmachen. Deshalb operiert Kerimoğlu in den entsprechenden Auskünften besonders oft mit dem Begriff "Sünde".

6.1 Alkoholische Getränke

Obwohl das Trinken von Alkohol (1) zu den Handlungen gehört, die mit Ḥadd-Strafen belegt sind und daher in den Fiqh-Werken im Kapitel "ʿUqubāt" (strafrechtliche Vorschriften) abgehandelt wird, stellen wir es hier mit anderen rituellen Verboten, deren Durchsetzung im heutigen türkischen Alltag ein schwieriges Unterfangen wäre, auf die gleiche Stufe.
Wein und Spirituosen zählen zu den umstrittensten und in der islamischen Rechtsliteratur am häufigsten behandelten Themen; einige der über Jahrhunderte hinweg aufgetretenen Probleme - oder auch Versuche, das Verbot zu umgehen (z.B. Alkohol als Heilmittel zu deklarieren: "Şarap ve benzer içkiler, bir doktor tarafından reçete olarak yazılırsa ...") - spiegeln sich in der "Fıkıh kösesi" wider. Das besondere Interesse unseres Quellenmaterials liegt denn auch, einmal mehr, nicht so sehr in den darin enthaltenen Informationen zur Rechtslage, sondern in den Warnungen und Ermahnungen an die Adresse der Gläubigen.

Die Sorge, daß etwas Verbotenes um sich greife, und der Wunsch, alles zu verbieten, was auch nur entfernt der Moral der Muslime gefährlich werden könnte, ist natürlich in der laizistischen Türkei, da das Weintrinken nicht mehr mit drakonischen Strafen geahndet wird, besonders groß. So scheint es in manchen Gebieten der Türkei von den Muftis und Hodschas untersagt zu werden, kohlensäurehaltige Getränke zu sich zu nehmen.(2) Die <u>Millî Gazete</u> sieht da keine Bedenken, falls eindeutig

feststeht, daß kein Alkohol enthalten ist.
* Von noch größerer Frömmigkeit allerdings zeugt, sich vor Getränken in acht zu nehmen, bei denen man sich dessen nicht sicher ist. Nur soll man sich von der Angst, etwas Verbotenes zu tun, nicht "verrückt machen lassen". (28/03)

Auf Probleme der Frommen in einer Umgebung, die sich nicht an koranische Vorschriften hält, deuten Fragen wie: Darf man in einem Lokal essen, das alkoholische Getränke ausschenkt? (14/02)
Darf ich mit Verwandten verkehren, die mit Spirituosen handeln? (25/09)
Darf man dort, wo Alkohol ausgeschenkt wird, Arbeit annehmen? (17/10)

Die stereotype Antwort lautet: Im Islam sind alle Wege, die zum Unrechten (münker) führen und Unrecht unterstützen, genau wie dieses verboten.
* Die kleinste Nachlässigkeit in diesen Dingen stürzt die Gesellschaft ins Unglück (fesad, afet halı). Im Hinblick auf den Jüngsten Tag soll der Fromme die Gemeinschaft mit Trinkern meiden. (31/03)
* Ist er aber gezwungen, mit diesen zu verkehren, so soll er ihnen ihre Sünden erklären und sie auf diesem Wege von ihrer schlimmen Krankheit zu heilen versuchen. (31/03)
* Denn dies bedeutet, dem Auftrag der Muslime gemäß, das Gute zu gebieten und dem Schlechten zu wehren (emri bi'l ma'ruf ve nehiy anilmünker).(3) (27/04; 31/03; 22/06)

Mit Bedauern wird konstatiert, daß vor allem in den Großstädten der Türkei die Suche nach einem "trockenen" Lokal sich einigermaßen schwierig gestalten kann; weshalb an gläubige Geschäftsleute der Appell ergeht, diesem traurigen Zustande abzuhelfen.

"Im Grunde könnten diese Schwierigkeiten halbwegs gelöst werden, wenn in jedem Stadtteil ein Lokal eröffnet würde, in dem die Muslime des Viertels beruhigt essen gehen könnten. Es ist notwendig, dies Bewußtsein zu wecken und die auf diesem Gebiet tätigen Geschäftsleute zu ermahnen und ihnen die Augen zu öffnen." (14/02)

Im übrigen läßt sich am Thema "Alkohol" wiederum jene Differenzierung von Glauben und Handlungen feststellen, welche dem Übertreten eines Gebots weniger Gewicht beimißt als der Nichtigerklärung desselben.(4)

"Solange Ihre (Alkohol trinkenden) Verwandten nicht von den Worten des Unglaubens (elfâz-ı küfür) angesteckt sind und Glaubensgrundsätze (zaruriyyat-i diniyye) in Frage stellen, trifft Sie keine Schuld, wenn Sie mit ihnen an einem Tisch essen." (25/09)

* Die Tür zur Buße steht jedem Sünder offen; der Volksmeinung, daß einer, der Alkohol trinkt, 40 Tage "als Ungläubiger" lebt, fehlt jede Grundlage; denn der Islam ist tolerant (müsamaha). (05/02)

6.2 Tabak

Daß der Streit um das Rauchen weitgehend ausgestanden ist, zeigt das verhältnismäßig geringe Interesse an dieser Materie (lediglich zwei Anfragen). Die Stellungnahme der Millî Gazete enthält ebenfalls nichts Brisantes; der Vollständigkeit halber wollen wir aber eine der "Fetwas" leicht gekürzt wiedergeben.

Q. "In manchen Büchern steht, der Tabak sei erlaubt (helâl), in anderen er sei verwerflich (tahrimen mekruh), in wieder anderen hingegen wird er für verboten (haram) erklärt. Ich möchte in dieser Angelegenheit ein klares Urteil."
R. "Kein Mensch außer den Muğtahid kann ein bindendes Urteil fällen. Die unterschiedlichen Auffassungen, denen Sie begegnet sind, entspringen einer je anderen Betrachtungsweise. Der Schaden, den der Tabak anrichtet, ist von Person zu Person verschieden; schon aus diesem Grunde kann es kein allgemeingültiges Urteil geben. Es hängt von den Umständen ab, z.B. ob der Lebensunterhalt der Familie dadurch gefährdet wird. Es ist nicht verwunderlich, wie Sie meinen, daß ein Tarikât-Scheich den Tabak für verboten erklärt, während ein anderer mit derselben Silsile ihn für unbedenklich (mübah) hält. Da der Tabak erst nach dem 15. Jahrhundert in Erscheinung trat, ist es nur natürlich, daß es verschiedene Ansichten hierzu gibt: Ein Urteil, das durch Qiyâs gefällt werden muß, hängt ganz vom Verstand und den Argumenten desjenigen ab, der den Analogieschluß gebraucht.(5)
Vom Gesichtspunkt der Schädlichkeit aus betrachtet ist es sicherlich von Nutzen, wenn Sie die aus der Sucht entstehenden Zustände einzudämmen versuchen; aber im Namen Allahs dem Verbotenen den Kampf anzusagen, will noch lange nicht heißen, am 'Feldzug gegen das Rauchen' teilzunehmen." (13/07)

6.3 Bilder

"Einzelne Gelehrte haben schon versucht, die photographischen Bilder ... von dem allgemein anerkannten Verbote auszuschließen, und es läßt sich voraussehen, daß es auf diesem Gebiete ebenso wie auf dem des Tabaks zu irgendeinem Kompromiß zwischen dem Gesetz und dem Leben kommen wird."(6)

Wenn auch die meisten Türken das Bilderverbot heute nur noch als "peripheres religiöses Problem"(7) betrachten mögen, - die Leser der Millî Gazete sind offenbar überdurchschnittlich um ihr Seelenheil besorgt. Erwartungsgemäß betreffen fast alle Anfragen die Photographie, zu der sich unter den Fuqahā' noch keine einheitliche Meinung gebildet hat.
"Manche sagen, Photos besäßen alle Eigenschaften von Bildern; andere aber meinen, solange sie nicht zum Zwecke der Anbetung entstanden seien wäre nichts dagegen einzuwenden." (21/05)

Das Bilderverbot im Islam ist laut Kerimoğlu durch die Furcht vor Götzendienerei (putperestlik) motiviert: "Ist nicht allein die Vorstellung, durch das Verehren von Bildern in die Nähe des Širk zu geraten, haarsträubend genug?" (28/03)
* In manchen Notlagen aber haben die Ulema "schattenlose" (sc.: zweidimensionale) Bildnisse erlaubt. (25/02)
* Manche Gelehrten sehen nichts Bedenkliches in Porträts oberhalb der Körpermitte. Denn eine "halbe Person" kann nicht leben. (11/02)
* Bilder dürfen in Zeitschriften veröffentlicht werden, weil sie in aller Regel zusammen mit diesen fortgeworfen und zerrissen werden und so zum Objekt der Verachtung (hakir) werden. (21/05)
* Entscheidend ist aber immer die Absicht, in der photographiert wird. Körperteile, deren Entblößen der Islam nicht erlaubt, dürfen wegen "Unzucht der Augen"(9) nicht gezeigt werden. (07/11; 15/11)

Als Ergebnis dieser kasuistischen Reihung läßt im Hinblick auf die Bedeutung unserer Rechtsgutachten für den modernen Alltag demnach festhalten: Zeitungs-, Paß- und Erinnerungsphotos sind erlaubt. (Wir kommen im Schlußkapitel darauf zurück.)

6.4 Kleidervorschriften, Haar- und Barttracht

Kleidervorschriften, die in der "Fıkıh köşesi" behandelt werden, betreffen vor allem die Kopf- und Körperbedeckung von Frauen. Ihr Wert wird darin gesehen, daß sie den moralischen Verfall der Gesellschaft verhindern helfen; in diesem Sinne liege viel Weisheit in der von Gott gebotenen Verschleierung (tesettür) der Frau.(10)   (19/01)
* Keine Drohung - außer mit Tod oder Gewaltanwendung - kann der muslimischen Frau ihre durch Sunna, Koran und Iğmā' vorgeschriebene Kleidung rauben. Solange es ihr möglich ist, sich an die Bestimmungen der Scheria zu halten, besteht für jede Frau die Verpflichtung, die vorgeschriebenen Wissensinhalte (farz-ı ayn olan ilimler) zu studieren oder sich von kompetenten Leuten darüber unterrichten zu lassen.   (17/09)

Damit scheint der Konflikt mit dem modernen türkischen Staatswesen vorprogrammiert.(11) In welche Nöte die Gläubigen hier geraten, illustriert am besten das folgende Rechtsgutachten.

Q. "Meine Schwester wurde in die medizinische Fakultät der Universität Hacettepe (Ankara) aufgenommen. Aber die Verwaltung, die keine Ahnung von den islamischen Geboten hat, erlaubt nicht, daß sie mit Kopftuch Lehrveranstaltungen besucht. Als sie es dennoch tat, ging man hart mit ihr ins Gericht und schloß sie einen Monat vom Unterricht aus. Leute, die etwas von der Sache verstehen oder auch nicht, geben Fetwas von sich, wie es ihnen gerade in den Sinn kommt. Manche wollen, indem sie den Ausspruch des Propheten zugrunde legen: 'Der Wert von Handlungen hängt ab von ihrer Absicht (ameller niyetler göredir)', daß sie das Studium abschließt - und sei es unbedeckt - damit sie später als Ärztin dem Islam Dienste erweisen kann. Andere meinen, daß der Islam niemals eine solche Konzession machen könne. Gibt es denn hier gar keinen Ausweg?"

R. "Keinem Gläubigen, der einer Rechtsschule folgt (mükallid), ist es erlaubt, auf eigene Faust auf der Grundlage eines Ḥadīṯ zu einem Urteil zu gelangen. Der erwähnte Ausspruch darf keinesfalls dazu benutzt werden, etwas Verbotenes zu tun ...
Die Fetwa des Muftis, an den Sie sich gewandt haben, ist richtig. Sie müssen Ihren Kampf fortsetzen. Ich empfehle Ihnen, wenn Ihre Schwester das Medizinstudium beenden will, sie dies in einem anderen Lande tun zu lassen.
In keinem westlichen Land wird ein Student der Lehrstätte verwiesen, wenn er sich einen Bart stehen läßt oder eine bestimmte Kopfbedeckung trägt. (!) Wie Sie in Ihrem Brief schon erwähnen, gilt in der Türkei eine besondere Regelung."   (13/11)

Die Differenzen hinsichtlich der männlichen Kopfbedeckung liegen auf einer anderen Ebene. Hier geht es um das Gebetskäppchen (takke) bzw. die "Pudelmütze", die als Kennzeichen islamischer Gesinnung an die Stelle des Turbans getreten sind.(12)

* Der Turban (sarık) gilt als Sunna des Propheten, dessen Vorbild die Muslime in allen ihren Handlungs- und Verhaltensweisen zu folgen verpflichtet sind. Der Turban zeichnet den Muslim vor dem Götzendiener (müşrik) aus. Über die in der Türkei verbreiteten Gebetskäppchen zu streiten, wäre falsch; sie dürfen solange verwendet werden, als keine islamische Identität zur Schau gestellt werden darf. Allerdings: den Turban auf Dauer durch andere Kopfbedeckungen ersetzen zu wollen, wäre Bidʿa. (27/09)

Auch bezüglich der Frage, ob man sein Aussehen durch Schmücken und sonstige Verschönerungen verändern dürfe, bestehen für Männer und Frauen unterschiedliche Vorbehalte. Für beide gilt zunächst aber das Verbot, die natürliche Anlage des Menschen (fıtrat) oder seine Gliedmaßen irgendwie zu verändern, denn dies bedeute ein Entstellen der göttlichen Schöpfung (tağyır-ı halkullah).

* So ist es für einen Mann Sünde, Kleidungsstücke seiner Frau, Braut oder Schwester anzuziehen, und sei es auch im Scherz. (14/11)
* Frauen dürfen ihre Augenbrauen nicht auszupfen; allerdings ist es ihnen - Zustimmung des Ehemannes vorausgesetzt - erlaubt, das Gesicht zu pudern oder Haare daraus zu entfernen, um es zu verschönern. (31/05)
* Dauerwellen oder sonstiges künstliche Auftürmen der Haare hat bereits der Prophet, "als hätte er unsere Tage gesehen", mit Kamelhöckern verglichen und verflucht. (01/02)

Ohrringe wiederum sind erlaubt: Q. "Im Islam ist es verboten, daß Frauen ihre Hälse und Ohren zeigen. Deshalb müßten auch Ketten und Ohrringe verboten sein"; R. "Dies scheint von der Warte der Logik aus richtig, ist aber menschlicher Irrtum", denn: es ist notwendig, daß eine Frau sich für ihren Ehemann - der sie ja unverschleiert sehen darf - schön macht. (27/06)

* Bei Männern gründet sich das Verbot goldener Fingerringe darauf, daß es verpönt ist, seinen Reichtum zur Schau zu stellen. Silberne Ringe, die nicht zu protzig sind, dürfen getragen werden, weil der Prophet

selbst einen solchen am rechten kleinen Finger trug.(13) (19/09)
* Der Bart ist die Zierde eines Mannes; (30/09)
* außerdem gehört dieser zum überlieferten Brauchtum, das in der Tradition des Propheten steht. Wenn ein Gläubiger also keine triftige Entschuldigung (özür halı) vorzuweisen hat, muß er sich unbedingt einen Bart stehen lassen. Es besteht überhaupt kein Anlaß, deshalb seine Ehefrau um Erlaubnis zu bitten.(14) (26/10)
* Im Dār al-Islām ist es überhaupt verboten, sich den Bart gänzlich abzurasieren, weil dies der Prophet niemals tat. (29/11)
* Ob er ihn allerdings zurechtstutzte, ist unter den Ulema umstritten Es ist aber der hanafitischen Rechtsschule zu folgen, denn der Islam hat verboten, Probleme bis in alle Einzelheiten zu diskutieren, wenn daraus keinerlei Nutzen erwächst.(15) (10/09)
* Wie überall gilt hier der Grundsatz: Notfälle erlauben das, was sonst untersagt ist; im Dār al-Ḥarb wird die jeweilige Situation in Betracht gezogen und was immer dem Wohl der Muslime zuträglich ist, wird mit der Erlaubnis des Imāms befolgt.(16) (29/11)

6.5 Speise- und Schlachtvorschriften

Bei den Speisen fällt auf, daß sich die Fragen zum Thema eher um die Menge als um die Art des Verzehrten drehen. Wie groß nun die dem Muslim erlaubte Menge sei - darauf gibt es mehrere Antworten, deren gemeinsamer Nenner in Maßhalte-Appellen besteht.

* Zum einen hängt es von der Konstitution und den Lebensumständen des Menschen ab, wieviel gegessen werden darf; Verschwendung (israf) ist aber zu vermeiden. (15/04)
* Grundsätzlich aber soll, einem von Tirmidi überlieferten Ausspruch zufolge, der Mensch seinen Magen zu einem Drittel mit Speise, zu einem Drittel mit Wasser füllen und den Rest zum Atemschöpfen lassen. (15/07)
* Für gewöhnliche Leute genügt es, sich im Bereich des Erlaubten (mübah) zu bewegen, d.h. soviel zu essen, wie man zum Sattwerden braucht, dabei aber nicht zu übertreiben. (25/09)

Strengstens verboten ist der Verzehr von Schweinefleisch, wozu auch das Fett dieser Tiere zählt:

"Es besteht der Verdacht, daß sich in dem erwähnten Speisefett etwas vom Schwein befindet ... In der Wochenzeitschrift, die sie erwähnen, wurde so etwas behauptet und in der Tat eine ähnlich lautende Bekanntmachung des Industrieministeriums dazu veröffentlicht. Wenig später behaupteten hingegen die betreffenden Firmen, daß kein Schweinefleisch beigemischt sei. Aber solange das nicht eindeutig bewiesen ist, bleibt in jedem Falle Vorsicht geboten." (09/12)

Ein ganz anderer Problemkreis tut sich für die Muslime im Ausland auf. Anfragen aus der Bundesrepublik und aus den Niederlanden lauten: Ist das Fleisch von Tieren, die vor der Tötung bewußtlos gemacht wurden, erlaubt? Darf man Fleisch von Tieren essen, wenn man nicht sicher ist, ob bei ihrer Schlachtung die Bismillah gesprochen wurde? Unter welchen Bedingungen darf das von den "Schriftbesitzern" (Ehl-i Kitap) Geschlachtete gegessen werden?

Wenn man die Antworten auf diese Fragen zusammenfaßt, ergibt sich eine delikate Abstufung, aus der ersichtlich wird, wie schmal die Grenze zwischen "Erlaubt" und "Verboten" im konkreten Falle sein kann und wie sehr es von der Bewertung einer Situation durch den einzelnen Gläubigen abhängen kann, welcher Handlungsmaxime er folgt.

* Was von Leuten, die überhaupt keinen Glauben haben, und Götzendienern geschlachtet wurde, darf auf keinen Fall gegessen werden. (06/04)

* Was Christen und Juden geschlachtet haben, darf nur gegessen werden wenn man sicher ist, daß die entsprechende Formel (besmele) gesprochen wurde; falls man dies nur vermutet, muß sie beim Kauf nachgeholt werden. (03/02)

* Sobald dieser Formel ein einziges Wort des Dreieinigkeitsglaubens (üçlü teslis)(sic!) hinzugefügt wird, gilt das Fleisch als verboten, auch wenn es von "Leuten der Schrift" getötet wurde. Weil aber auf der Welt kein einziger (wahrhaftiger) "Schriftbesitzer-Staat" existiert, sondern höchstens Staaten mit jüdischer und christlicher Bevölkerung, sollen sich die Gläubigen unbedingt um eigene Schlachtung bemühen.
(01/07)

Mit derartigen Empfehlungen wird die Definition der jeweiligen Realität sichtlich den frommen Muslimen selbst überlassen, - und damit auch die Entscheidung ob sie sich mit staatlichen Gesetzen (etwa dem deutschen Schlachtgesetz) in Konflikt begeben wollen oder nicht.

6.6 Spiele und Freizeit

Der Verbreitung des Fußballspiels gemäß werden besonders zu dieser Art von Zeitvertreib Empfehlungen und Rat erbeten, wollen die Gläubigen auch in dieser Materie über Erlaubt und Verboten informiert sein.

* Die Nähe zum Verbotenen ergibt sich für den Fußball aus der Möglichkeit, zum Glücksspiel (kumar) oder aber zur Ursache für Zeitverschwendung zu werden. Seitens der Zuschauer wird nämlich so viel Begeisterung aufgebracht, daß diese andere, wichtigere Aufgaben vernachlässigen.

(23/04)

* Man kann auch ins Feld führen, daß zu verbergende Teile der Spieler (mahrem yerleri) sichtbar werden. (16/07)

* Außerdem ist Fußball eine Erfindung des Westens. Unter den Muslimen sind eher Ringen, Bogenschießen, Reiten und Schwimmen verbreitet.(17)

(20/12)

Besonders scharf verurteilt Millî Gazete die reinen Glücksspiele, zu denen ja auch die staatlichen Lotterien zu rechnen sind.

"Glücksspiel heißt ein Spiel, bei dem ein vom Spieler unabhängiger Gegenstand zum Gewinnen oder Verlieren beiträgt. Bei Toto und Lotto (Spor Toto ve Milli Piyango) sind das die zum Zwecke der Teilnahme ausgefüllten und willkürlich gezogenen Scheine. Diese Art von Hasardspiel ist fast zur allgemeinen Sucht geworden; man hat zu seiner Verwaltung ja bereits Tausende von Menschen mobilisiert." (13/03)

Ob man seine Freizeit mit musikalischer Unterhaltung verbringen dürfe, gehört gleichermaßen zu den umstrittenen Fragen, bei denen Unterlassen allemal vorteilhafter - zumindest aber sicherer - scheint.

"Bei den muhammedanischen Rechtsfragen handelt es sich nur in seltenen Fällen über die Dogmen an und für sich, denn darüber ist die erlaubte Meinungsverschiedenheit schon auf ein Weniges reduziert; gewöhnlich ist es die Definition der gegebenen Fälle, über welche die Ansichten geteilt sind. Daß z.B. die Musik mit ganz wenigen Ausnahmen vom Gesetz verpönt ist, lehren alle einstimmig."(19)

Um diese "Ausnahmen" zu bestimmen, fordern Leser auch in den vorliegenden Fällen Auskunft. Die Haltung Kerimoğlus ist hier explizit, wenn er auch differenziert.

* Nach islamischem Recht fallen nicht alle Arten von Musik unter das Verbot; die große Kesselpauke im Kriege und das Tamburin bei Hochzeiten sind ebenso erlaubt wie das Nachahmen von Vogelstimmen. (23/04)

* Wird aber die Musik von einer Frauenstimme erzeugt und die sinnlichen Empfindungen des Zuhörers damit in Aufwallung gebracht, dann ist sie ganz und gar verboten (halharam). (25/11)

* Je nach Verbreitung und transportiertem Inhalt von Fernsehsendungen, Kinofilmen, Theaterstücken und anderen Medien kann einer Gesellschaft Nutzen oder Schaden entstehen. Leider sind die heutigen Medien, zu denen auch Lieder (şarkı, türkü) gehören, weit davon entfernt, eine islamische Botschaft zu verbreiten. (22/02)

* Stattdessen verleitet die Musik unserer Tage offensichtlich zum Verbotenen - vor allem zum Alkohol -, die Texte sind verderbt und islamfeindlich.(20) (25/11)

7.1 Philosophie und Wissenschaft

"Aber für die Gesamtheit der Wissenschaften gibt es eine Unterscheidung, nämlich die von lobenswerten und tadelnswerten, ... zu den letzteren gehören alle diejenigen, die weder für diese noch für die andere Welt von Nutzen sind.
Die Grundlage für diese Unterscheidung ist die oft angeführte Tradition, daß der rechte Islam bei einem Mann sich darin zeigt, daß er unterläßt, was ihn nichts angeht ...
Daher muß der religiöse Muslim diejenigen Wissenschaften meiden, die für sein zeitliches Leben oder sein ewiges Heil keinen erkennbaren Nutzen gewähren."(2)

Neben dieser Unterscheidung, die von der Millî Gazete durchaus getroffen wird: "Im Islam ist es verboten, unnütze Probleme bis in alle Einzelheiten hinein zu verfolgen" (10/07), gilt eine andere Trennlinie, nämlich die von "westlicher" Philosophie und "islamischen" Wissenschaften, wobei diese, wie wir noch sehen werden, auf die Unterscheidung zwischen Nützlichem und Unnützem schließlich zurückfällt. Im übrigen versucht sie, Übereinstimmung zwischen Koran und dem "nützlichen" Teil der modernen Wissenschaft - den Naturwissenschaften - zu demonstrieren; weist gleichzeitig jedoch darauf hin, daß das für den Muslim erstrebenswerte Wissen allein durch Studium des islamischen Rechts zu erwerben sei.

* Das Studieren islamischer Wissenschaft gehört zu seinen Pflichten, weil es ihn in seiner Aufgabe unterstützt, andere zum rechtschaffenen Handeln aufzufordern (emr-i bi'l ma'ruf). (22/09)

* In Glaubensdingen Bescheid zu wissen ist eine kanonische Vorschrift, die jeden einzelnen betrifft (farz-ı ayn). (30/06)

Nach dieser zusammenfassenden Charakterisierung der Einstellung zu Philosophie und Wissenschaft, wie sie die Millî Gazete fördert, sollen anhand von Beispielen Einzelheiten belegt werden.

a) Quaestio. "Ist es schädlich, sich mit Philosophie zu beschäftigen? Oder kann man die Philosophie zu den islamischen Wissenschaften rechnen?"

Responsum. "Im allgemeinen sind die Wissenschaften in drei Gruppen einzuteilen: a) positive Wissenschaften wie Mathematik, Physik, Chemie, Medizin; b) Sozialwissenschaften wie Politik und Soziologie; c) philosophische Wissenschaften. Hierzu können seitens der islamischen Wissen-

schaften die Theologie (kelâm) und die Dogmatik (akaidi felsefi) gerechnet werden ...
Die philosophischen Strömungen sind bis heute nicht weiter gediehen, als sich gegenseitig zu bekämpfen und zu widerlegen; es ist ihnen nicht gelungen, die erhabene Weisheit, von der der Kosmos abhängt, zu begreifen. Die Philosophie, von der wir hier sprechen, ist die Philosophie, mit der sich der Westen über Jahrhunderte hinweg beschäftigt hat. Aber unter den islamischen Wissenschaften gibt es welche, die die gleichen Fragen präziser und zufriedenstellender lösen oder zumindest nach Antworten suchen, und die wir Theologie, Dogmatik und Philosophie (hikmet) nennen ...
Jeder Muslim muß seine Glaubensgrundsätze kennen. Die Themen, welche den Gegenstand der Philosophie bilden, sind in den theologischen Schriften lang und breit diskutiert und verdeutlicht worden. Nicht den verwirrenden Grundsätzen des Westens, sondern den Prinzipien der islamischen Weisheit hat man sich zu unterwerfen."(3) (17/01)

Im Gegenzug wird der Beweis angetreten, daß der Islam vernunftgemäß und wissenschaftsfreundlich sei.

b) Q. "Der Islam ist ein vernünftiger Glaube ... Ein Verdikt wie: 'Wenn nur ein stecknadelkopfgroßer Teil des Körpers trocken bleibt, wird die rituelle Waschung nicht anerkannt', kann ich nicht begreifen ..."

R. "Die positivistische Strömung (positivizm akımı) macht den Verstand zum Götzen (put). Der Islam erkennt den Verstand (nur) als Vermittler an. Aus diesem Grund war es nicht recht von Ihnen, den Spruch, der Islam sei ein Vernunftglaube, zu verallgemeinern. Dieser bedeutete nämlich vom Standpunkt des Fiqh aus, daß jemand, dessen geistige Fähigkeiten nicht ausreichen, nicht für alles verantwortlich und nicht zu allem verpflichtet ist."(4) (06/09)

c) Q. "Von Zeit zu Zeit hört man von fliegenden Untertassen. Gibt es vielleicht außer der Erde noch andere Orte, die von Menschen bewohnt sind?"

R. "Es ist noch nicht geklärt, um was es sich bei den fliegenden Untertassen handelt. Es müssen nicht unbedingt menschengesteuerte Objekte sein ... Im Universum leben außer den Menschen noch viele andere Lebewesen; auch die uns unbelebt erscheinenden Sterne werden von Engeln, Dschinns und anderen Geschöpfen bewohnt. Aber der Mensch wohnt nur auf der Erde. Darüber, daß es ihn auch an anderen Orten gibt, wird von Koran und Tradition nichts überliefert ... Das Wissen liegt bei Gott. Es gibt keine Wissenschaft außer ihm (Elilmü indallah. La ya'lemül gaybe illallah)." (13/05)

d) Q. "Ein ehrwürdiger Prediger sagt, daß Allah geboten habe, auf den Mond zu fliegen. Dies habe ich aber in keinem der in Lateinschrift gedruckten (Rechts-)Werke finden können. Auch behaupten manche Gelehrten, die Menschen könnten nicht auf den Mond fliegen, dies sei eine Lüge des Westens."

R. "Im Koran ist das Wesen von Mond und Sternen sowie die Existenz von sieben Himmeln (göklerin yedi kat) genau erläutert. Die Astronomie ist bisher über die Erforschung des ersten Himmels nicht hinausgekommen. In den Jahren vor der ersten Mondlandung gab der geistliche Führer der Christenheit, der Papst, Worte von sich wie: 'Das verfluchte Unternehmen Chruschtschows (Kruçef'in bu lanetli tesebbüsü) wird ihn für immer in die Hölle bringen'.(5) Zum gleichen Zeitpunkt aber gab die Leitung der Al-Azhar-Universität bekannt, daß dies möglich sei, indem sie die Sure 'Rahman' als Beweis anführte.(6)
Darüber zu streiten, ob man zum Mond fliegen könne oder nicht, ist müssig. Wichtig ist hingegen die Absicht, die einen dies unternehmen läßt. Wir haben es bei Amerika und Rußland mit dem Bestreben zu tun, übereinander und über andere Staaten die Oberhand zu gewinnen, indem sie den Atomkrieg ad infinitum führen. Wie weit diese Hochmütigen (müstekbir), die gleichzeitig behaupten, der Welt drohe eine Hungersnot und deshalb Geburtenkontrolle propagieren, das Wettrüsten vorantreiben, ist jedermann bekannt ...
Wenn sich Gläubige darüber streiten, ob man zum Mond fliegen könne oder nicht, so zeigt dies ihre Ignoranz (cehalet). Es ist in vielen Koranversen erwiesen, daß alle Geschöpfe im Himmel und auf Erden Allah preisen. Die Hochmütigen streiten um die Existenz eines jeden Himmelswesens. Das heißt, sie sind weit rückständiger als wir."(7)   (18/12)

7.2 Islamische Mystik, Derwischwesen

Die in der "Fıkıh kösesi" aufscheinende Haltung gegenüber Derwisch-Kongregationen ist zumindest zwiespältig. Wohlwissend um den Einfluß der Sufis auf das einfache Volk - trotz aller Verbote(8) -, wendet man sich nicht ganz dagegen, warnt aber vor abweichlerischen Tendenzen. Den Frommen wird geraten, zunächst die für sie wichtigen und vorgeschriebenen Kenntnisse des islamischen Rechts zu erwerben, damit sie genau wissen, innerhalb welcher Grenzen sie sich sufischen Bewegungen anschließen dürfen; nach außen hin zeigen sollten sie ihre Teilnahme jedoch nicht. (14/10)

* Nun ist ein Teil der von Derwischen verfaßten Werke voller Fehler infolge der Fahrlässigkeit von Novizen (mürid). Es ist notwendig, diese zu korrigieren, denn jeder Weg, der nur um Haaresbreite vom Islam abweicht, führt ins Verderben."Daß Sie einem Fanatismus (taasub) anhängen der nicht der Scheria entspricht, ... ist nicht erlaubt." (13/10)

Keineswegs verkannt, aber ausdrücklich in Kauf genommen wird die Gefahr, die in der offenbar verbreiteten Verehrung der Scheichs und dem Glauben an ihre Wundertätigkeit liegt.
Q. "Manche Sufis glauben an Erkenntnisse, welche ihren Oberhäuptern auf dem Wege des Traums eingegeben werden. Tun sie recht daran, jedes Problem mit Wunder und Erkenntnis (keramet ve keşif) zu erklären?"
R. "Es ist möglich, daß ein Scheich, welcher Aufrichtigkeit besitzt, Wunder vollbringt. Ist er nicht rechtschaffen, so ist die Gefahr groß, einer Versuchung durch Gott (istidrac) zu unterliegen. Nach islamischem Glauben kennt allein Gott das Verborgene (gayb). Es ist aber möglich, daß er es einem Menschen auf dem Wege der Inspiration mitteilt ... Daß Sie Träume auf die leichte Schulter nehmen, erstaunt mich. Denn eine grundsätzlich nicht zu unterlassende Sunna ist das Gebet um Erleuchtung (istihare). Sie werden keinem Gelehrten begegnen, der dies zurückweist. Wer absichtlich von der Hoffnung auf göttliche Erleuchtung abrückt, dessen ganzes Tun ist verschwendet, denn er richtet sich damit gegen die Sunna.
Sie müssen sich bemühen, nicht zu den Menschen zu gehören, die die Sunna des Propheten, der der Welt zum Heil herabgesandt ist, aufgeben, weil sie den Wunsch haben, modern und aufgeklärt zu sein." (09/09)

Daß es um die Orthodoxie der Sufis wie eh und je nicht zum Besten bestellt ist, läßt sich aus einer weiteren Leserzuschrift entnehmen.

"Unter dem Deckmantel des Mystizismus vernachlässigen einige Personen ihre kultischen Pflichten und verteidigen sich mit der Behauptung, ihr Scheich wisse das, und daß sie überhaupt nichts gegen seinen Willen täten. Außerdem ist jedermann Tag und Nacht mit Wundern beschäftigt. Sie hören nicht auf, von den Wundertaten ihrer Scheichs zu erzählen ...
Einige Scheichs geben sich als Prophetennachkommen (seyid) aus und sammeln gewöhnlich Almosen ...
Bitte geben Sie diesem Thema von Zeit zu Zeit Raum in Ihrer Kolumne; denn wenn gegen diese Mode, angeblich im Namen des Islam (in Wirklichkeit jedoch gegen ihn) zu handeln, nichts unternommen wird, werden die Gläubigen ein großes Unglück erleiden." (10/12)

Wie stark sich zuweilen die Ansichten orthodoxer Ulema und einzelner Ordensmitglieder unterscheiden, zeigt die folgende "Fetwa".
(Es geht wahrscheinlich um eine der verschiedenen Sekten, die von ihren Gegnern als Bāṭinīya bezeichnet werden; dies aufgrund ihrer Überzeugung, daß in einer geoffenbarten Schrift ein innerer oder verborgener Sinn stecke. Statt sich der von orthodoxer Seite erklärten Pflicht zur Wortgläubigkeit zu unterwerfen, versuchen sie die göttlichen Worte zu erklären und nach dem inneren Sinn der Dogmen zu forschen.)

Q. "Ich habe einen als sehr gelehrt Geltenden besucht ..., der zu mir sagte: 'Achte nicht auf das Geschwätz der Gelehrten des Sichtbaren (zahir), sie haben keine Kenntnis von dem, was verborgen (batın) ist; wir hingegen beschäftigen uns mit den Wissenschaften des Verborgenen.' Sind nun Sichtbares und Verborgenes Gegensätze? Kann denn etwas, was vom Standpunkt des Äußerlichen verboten ist, aus der Sicht des Geheimen erlaubt sein?"

R. "Die Leute der Feder (ehl-i mürekkep) sind doch schwer zu heilen. Man kann nicht leugnen, daß einige, die noch nicht einmal über das vorgeschriebene (farz-ı ayn) Wissen verfügen, sich an die Begriffe "Sichtbares (Äußeres) und Verborgenes (Geheimes)" klammern und philosophisches Geschwätz produzieren ...
Wer die beiden Begriffe im Widerspruch zueinander sieht und meint, die Vorschriften der Scheria nicht befolgen zu müssen, der wird zum Ungläubigen.
Nach dieser allgemeinen Bekanntmachung wollen wir das folgende klarstellen: Nicht die Teilnahme an einer sufischen Bewegung ist unbedingt notwendig, sondern daß nach der Scheria gehandelt wird."(9)   (27/10)

8.1 Sitte und Brauchtum

An erster Stelle der zu diesem Themenkreis erwünschten Informationen stehen solche, die Grußformeln und -sitten betreffen. Außer seiner Verankerung im Gebetszeremoniell gilt der islamische Gruß ("esselamü aleyküm") nämlich noch als von Gott der Gemeinschaft herabgesandter Brauch, der die Gemeinschaft stärken soll. Den Gruß zu erwidern ist Pflicht (vacib). (06/03)

Fragen bestehen im Grunde nur hinsichtlich der gesellschaftlichen Regeln (edep) und tradierten Formen des Grüßens. Wenn ich Auto fahre und einem Bekannten begegne, darf ich ihn dann mit der Hupe grüßen? (09/01) Dürfen in der Moschee Hände geschüttelt werden? (04/02) Dürfen sich zwei Freunde beim Wiedersehen umarmen und küssen? (09/03) Genügt es, bloß "Selam" zu sagen? (15/06)

Da sich diese und andere Fragen mitsamt den zugehörigen Antworten in vielem überschneiden und selbstverständlich nicht von den seit langem festgelegten Positionen abweichen, mag eine kurze Zusammenfassung der Responsa genügen.

* Einander die Hand zu drücken, ist alter Brauch und Ausdruck der Zuneigung unter den Brüdern. Solcherart zu grüßen, nur um Allahs Willen zu erfüllen, ist in wie außerhalb der Moschee verdienstvoll. (04/02)

* Da feststeht, daß Husain, als er klein war, den Propheten umarmte und küßte, erklären dies die meisten Gelehrten für erlaubt. (30/03)

* Wenn man allerdings nur ein dünnes Hemd trägt, wird Umarmen als verwerflich angesehen, weil es den Geschlechtstrieb reizen könnte. (09/03)

* Küssen ist verwerflich, weil auf diesem Wege oft Erreger ansteckender Krankheiten transportiert werden. (14/05)

* Im übrigen gilt für die Gläubigen das Gebot, sich an die vorgeschriebene Grußformel zu halten; die moderne Art, sich mit "merhaba", "selam" oder schlichten Hand- und Hupzeichen zu begrüßen, ist wegen der Nähe zur Bidʿa zu vermeiden.(1) (15/06)

Ein Wissensbedürfnis besteht ferner in Bezug auf das Bestattungszeremoniell: Wieviele Tote dürfen in einem Grab beerdigt werden? (13/04)
Gilt es als Neuerung, heilige Erde (mübarek toprağı) mitzubringen und auf das Grab zu werfen? (13/03)
Bestehen Einwände dagegen, daß man am Grabe eines Verwandten weint? (22/01)

Neben Erläuterungen zum Begräbnis selbst und zum Leichengebet enthalten die Antworten mehrfach Ermahnungen, vorislamische Bräuche und andere nicht der Religion gemäße Verhaltensweisen nicht zu übernehmen und zu tradieren.

* Lautes Weinen und Klagen ist verpönt, denn man soll Fassung und Ergebung zeigen;(2) darüberhinaus läßt sich hierin, wie in anderen Zeichen der Totenverehrung, keinerlei Nutzen erkennen. (19/02, auch 13/03)

* Ansonsten ist gegen Besuche am Grab nichts einzuwenden, da sie uns einerseits an den Toten erinnern, andererseits den eigenen Tod gewärtigen lassen. (22/01)

Mit einiger Strenge kommentiert Kerimoğlu die in der Türkei beliebten und verbreiteten Kamel- und Hahnenkämpfe.

"Der Islam ist ein natürlicher Glaube, deshalb schützt er vor allen Dingen die Rechte aller Lebewesen ... Tierkämpfe gehören zu den heidnischen, vorislamischen Bräuchen. Es ist also völlig unislamisch, Tiere gegeneinander oder gegen Menschen kämpfen zu lassen. Außerdem können solche Kämpfe als Glücksspiel gewertet werden. Solche Bräuche aus heidnischer Zeit gelten als Aberglaube (hurafe); leider wird ihnen in unserem Zeitalter nur ein neues Gesicht gegeben ..." (26/02)

Ganz anderer Bewertung unterliegt ein weiterer Volksbrauch: Ob es das spätere Leben eines Kindes beeinflusse, wenn man ihm nicht gleich nach der Geburt den Gebetsruf (ezan) ins Ohr singe?

"Dies ist Sunna und ein islamischer Brauch (adab). Zweifellos hat diese Handlung Einfluß auf die Lebensführung des Kindes, besonders in psychologischer Hinsicht. Deshalb liegt viel Weisheit darin, diesen Brauch nicht zu vergessen."(3) (30/01)

8.2 Volksglaube und Magie

Aus einigen der untersuchten Texte läßt sich etwas über den im Volke verbreiteten Aberglauben erfahren. So möchte zum Beispiel ein Leser wissen, ob das Fußballspiel etwas mit dem Tode Ḥusains bei Karbalā zu tun habe ("Kerbela'da Hz. Hüseyn'in başına gelenler").(4) (16/04) Auch verschiedene Vorurteile über Zigeuner kommen zur Sprache:

"Manche erzählen, daß in dem Moment, da Abraham ins Feuer gestoßen werden sollte, Nimrud ein Mädchen namens 'Gene' und einen Jüngling namens 'Cin' vor allem Volke zur Unzucht gezwungen habe und daß das Wort 'Zigeuner (Çingene) daher rühre. Andere meinen, die Zigeuner müssen vor dem Übertritt zum Islam erst einen anderen nichtigen (bâtil) Glauben annehmen."(5) (25/12)

Oder es wird gefragt: "Warum heulen die Hunde, sobald der Gebetsruf ertönt (ezan-ı şerif okunurken)? Sie tun das besonders in der Dämmerung Antwort: "In dieser Sache besteht kein Unterschied zwischen dem Gegenstande der Frage und dem Fragesteller selbst. Denn auch warum die Hunde heulen, kann kein Mensch erklären." (30/09)

Einen wichtigen Gegenstand besorgter Anfragen bilden Träume und deren Deutungsmöglichkeiten; und wie fast stets ist die Furcht vor Sünde mit im Spiel. Es gibt, so wird den Lesern erklärt, drei Arten von Träumen.

1. Einflüsterungen des Teufels und Alpträume, die den Menschen ins Verderben stürzen: Zu Gott flehen und niemandem davon erzählen!
2. Träume mit Bezug auf Dinge, die den Menschen in wachem Zustand beschäftigen. Auch dies sind nichtige Träume ohne weitere Bedeutung.
3. Träume, die aus einem der 46 "Kapitel" der Offenbarung bestehen: Ein Gebet um Erleuchtung (istihare) sprechen und auf einen weiteren Fingerzeig warten! (26/12)

* Um den Propheten im Traum sehen zu können, ist es notwendig, rechtschaffen zu sein und die Gebote Allahs zu befolgen. Gläubige, welche die Götzen bekämpfen, haben die größte Chance, diese göttliche Gnade zu erfahren. (09/11)

Kommen wir zu den magisch-religiösen Praktiken. Nach Auskunft der Millî Gazete ist es zwar verboten, jemanden zu verhexen, einen Zauber zu brechen hingegen wird um des Wohlergehens der Muslime willen erlaubt, ja sogar empfohlen. So erklärt sie einem Leser:
"Was Sie in Ihrem Brief ansprechen, bezeichnen die Fuqaha als Impotenz. Der Geschlechtstrieb des Menschen hängt von verschiedenen Ursachen ab, eine davon kann das Verhext-Sein (sihir ve büyü muhatap) darstellen. Wenn keine körperlichen Mängel vorliegen, erhält diese Möglichkeit einiges Gewicht. Da mir aber die nötigen Kenntnisse auf diesem Gebiet fehlen, kann ich Ihnen nicht helfen. Allah möge Heilung schenken."
(11/09)

Von dem besonders in den weniger gebildeten dörflichen Schichten verbreiteten Aberglauben zeugt das folgende Beispiel einer Anfrage.

"In unserem Dorf gibt es eine Frau, von der jeder glaubt, sie stehe mit einem Geist (cin) in Verbindung, der ihr vom Verborgenen (gayb) Kenntnis gibt. Wenn einem Geld gestohlen wird, geht man gleich zu ihr, um sich Namen und Anschrift des Diebes nennen zu lassen. Außenstehende haben auch nichts damit zu tun ... Der Bürgermeister des Dorfes ist ratlos: Im ganzen Umkreis des Dorfes kann man nicht mehr um die Hinterseite eines Autos herumgehen. (?) Worin liegt das Geheimnis dieser Sache?"

Erwartungsgemäß schärft Kerimoğlu den Lesern das Verbot von Wahrsagerei (kahınlık) und jeglicher Versuche, mit Hilfe von Würfeln, aus Sternen oder Steinen sein Schicksal herauszulesen, ein. Aber auch vor Amuletten (muska) wird gewarnt, obwohl man diese üblicherweise zur erlaubten Magie (simiya) rechnet.(7)
* Leider sind in den späteren Zeiten des Islam, d.h. nach der frühen "reinen" Epoche viele nichtislamische Bräuche aufgenommen worden. Vom Gebet ist das Anbringen von Talismanen scharf zu unterscheiden; allein das Flehen zu Allah schafft in Notzeiten wirklich Hilfe. Es hat starke Wirkung auf die menschliche Psyche. (07/02)

Vom Wunderglauben im Volk war bereits im Abschnitt über das Derwischwesen die Rede; tatsächlich scheint besondere Verehrung großen Mystiker entgegengebracht zu werden. Kerimoğlu antwortet in einem solchen Fall: "Auch wir haben das Bildnis des erwähnten Scheichs gesehen. Hoffentlich wurde es nicht zum Zwecke der Verehrung verbreitet; oder aber diese Person weiß nichts davon." (15/11)

Es wäre nun gewiß falsch, aus diesen Beispielen allein auf die Popularität des "Volksislams" in der Türkei zu schließen. Indessen fällt auf, daß wesentliche Elemente dessen, was über die Jahrhunderte hinweg von der sunnitischen Orthodoxie bekämpft wurde, auch in der Gegenwart den Gegenstand eindringlicher Warnungen bilden. Dies betrifft nicht nur Wahrsager, die von der "Schwäche und Unwissenheit des Volkes profitieren", sondern auch Leute, "die Gerüchte und falsche Informationen im Gewande der Tradition verkaufen wollen". (02/05, ähnlich 24/09)

"Die offizielle Lehre ist überall im Hintergrund vorhanden, auch wenn sie für den Außenstehenden zunächst vielleicht kaum sichtbar ist, und sie gewinnt langsam an Boden ...
Die unislamischen Vorstellungen und Bräuche, die anfangs fast unberührt weiter bestehen, werden langsam ausgehöhlt, umgedeutet, zurückgedrängt in dem Maße, das die allgemeine geistige Entwicklung der Menschen zuläßt ... So wird die Duldung und schließlich Rezipierung der dem Islam eigentlich wesensfremden volkstümlichen Elemente zu einem Weg zu ihrer allmählichen inneren Überwindung."(8)

9.1 Beziehungen zu Nichtmuslimen

Im Rahmen dieser Arbeit läßt sich selbstverständlich nur ein willkürlicher Ausschnitt dieses umstrittenen Themenbereiches betrachten: der durch die Sichtweise von Millî Gazete vorgegebene. Es muß dabei noch einmal betont werden, daß sich sachlich für uns keinerlei neue Informationen aus den untersuchten Rechtsauskünften ergeben; das "Neue" liegt, wenn man so will, - in der veränderten Umweltsituation, in der die Begegnung mit den "Ungläubigen" stattfindet. Denn zum einen treten seit dem Ende des Osmanischen Reichs Nichtmuslime den türkischen Muslimen nicht mehr als Bürger zweiter Klasse,(1) sondern als gleichberechtigte Staatsbürger entgegen.

Zum andern können die nichtmuslimischen Europäer nicht einfach zu Bürgern eines Staates, der sich mit der islamischen Welt im Kriegszustand befindet (Ḥarbî), erklärt werden - die Türkei selbst ist ja kein islamischer Staat.(2) Angesichts der offensichtlichen Überlegenheit des "Westens" auf manchem Gebiet lassen sich zwei Konstanten einer Konfrontation mit jener dingfest machen: a) das Hervorheben der eigenen - religiösen und moralischen - Überlegenheit und b) Warnungen vor der Übernahme "schlechter Sitten" und ideologischer Denkmodelle der Gegenseite. Inwieweit sich das in der "Fıkıh köşesi" widerspiegelt, soll die hier folgende Analyse zeigen.

Für die Qualität der Beziehungen ist nach der Rechtstheorie der Status von bestimmender Bedeutung, der den Nichtmuslimen jeweils zugesprochen wird, d.h. ob sie zu den "Schriftbesitzern" (Ehl-i Kitap) gehören - wozu für die Millî Gazete lediglich Christen und Juden zählen -, oder nicht. (02/02) Diese Unterscheidung hat aber für die Gegenwart aus noch anzusprechenden Gründen so wenig Bedeutung, daß in der Regel nur vom Verhalten gegenüber "den Ungläubigen" (kâfir) allgemein die Rede ist.

* In den Augen der Ungläubigen ist alles Materie, deshalb bleibt ihnen der Weg zum Heil versperrt.   (09/11)
* Äußerlich als Mensch ein Teil der Schöpfung wie alle Lebewesen, sind sie doch in ihrer Seele ("innerlich") schmutzig.   (01/05)
* Wenn es dennoch vorkommt, daß ein Nichtmuslim Selbstverleugnung und Askese übt, ist das längst kein Beweis für Heiligkeit: Die indischen Fakire, die auf Nägeln schlafen, zeigen Wundertaten (keramet), weiter

nichts. (13/10)
* Wer immer sich die Sitten (adet) und die ketzerischen Auffassungen (küfür) der Ungläubigen zu eigen macht, gerät auf gefährliche Abwege, denn das erste führt ins Verderben, das zweite in den Unglauben.(27/12)
* Dabei darf nicht vergessen werden, daß, wer vom Glauben abfällt, und sei es auch nur durch Leugnen eines Wortes, vogelfrei ist. (23/05)
* Mit den Ungläubigen soll keine Freundschaft geschlossen werden; möglich ist allerdings ein zeitlich begrenztes Bündnis. (12/11)
* Juden, Christen und Anhänger nichtiger Ideologien zu grüßen, wird von einem Teil der Ulema als verboten, von einem anderen als verwerflich (tahrimen mekruh) bezeichnet. Es besteht keine Verpflichtung, ihre Gruß zu erwidern, man darf aber "ve aleyküm" sagen.(3) (30/07)
* Neujahrswünsche zu entbieten, stellt eine gefährliche Neuerung dar und führt nur dann nicht in den Unglauben, wenn keine religiöse Überzeugung damit verbunden ist. (31/12)

Auf wirtschaftliche Beziehungen wurde bereits verwiesen: es ist erlaubt, Zinsen von den Ungläubigen zu nehmen und ihnen Rauschgift zu verkaufen.(4) Zum allgemeinen Umgang mit ihnen ergehen folgende Regeln: Wenn es das Wohlergehen der Muslime verlangt, können mit einzelnen Gruppen Andersgläubiger unterschiedliche Beziehungen unterhalten werden - das darf aber niemals zur Unterstützung des "kleineren Übels" (ehven-i şer) ausarten.

"Es gehört zu den Allgemeinplätzen, daß, wenn zwei Übel (fesad) angreifen, das kleinere von beiden vorzuziehen sei ... Das hat aber nichts mit Aufgeben des Monotheismus zu tun. Es ist also nichtig, zu einem Schluß zu kommen wie: wenn der Kapitalismus angreift, ist der Kommunismus vorzuziehen und wenn der Kommunismus angreift, ist der Kapitalismus vorzuziehen. Denn beide sind Ideologien und stellen die Verfügungsgewalt Gottes auf Erden in Frage. Unter diesem Aspekt ist der Unglaube eine einzige Nation (küfür tek bir millettir)."(5) (17/11)

Eine Sonderstellung unter den Nichtmuslimen nehmen innerhalb des islamischen Rechts, wie gesagt, die Ahl al-Kitāb ein, hier: diejenigen, die nach Evangelium und Pentateuch leben. Da aber kein westlicher Staat nach dem Evangelium regiert werde, sei unbekannt, inwieweit die Bevölkerung nach der Scheria diese Bezeichnung verdiene. (01/07)
In der islamischen Gesellschaft habe jeder das Recht, nach seinem Glauben zu leben; den Muslimen werde durch Huldigungseid an den Kalifen (bey'at), den "Leuten der Schrift" durch Unterzeichnung des Ḏimma-

Vertrages (zimmet aktı) Leben, Eigentum, Nachkommenschaft, Meinungs- und Glaubensfreiheit garantiert.
"Wenn aber unter den Schriftbesitzern, die den Dimma-Vertrag unterzeichnet haben, eine Gruppe auftaucht, welche sich nicht an Evangelium oder Pentateuch hält, so wird sie bekämpft. Dies ist im Volke als 'dem Buche anpassen (kitabına uydurmak)' verbreitet." (13/09)

Nicht nur die wiederholt getroffene Feststellung, heute werde nirgends auf der Welt nach den beiden Offenbarungsschriften verfahren und deshalb existiere gar kein "Schriftbesitzer-Staat", läßt den Eindruck entstehen, ein solcher Kampf (sie dem "Buche anzupassen") sei unter den gegebenen Umständen durchaus denkbar. Es werden auch in einem Kommentar die Ahl al-Kitāb zu "Schriftverfälschern" gestempelt (ein Vorwurf, der bereits im Koran wiederholt auftaucht):

"Es stimmt, daß das Evangelium (incil) Jesus von Gott offenbart wurde. Aber zwischen seiner Botschaft und den heutigen Evangelien besteht ein riesiger Unterschied. Denn was die heutigen Christen gebrauchen, wurde im Konzil zu Nikäa unter Hunderten von Versionen ausgewählt."(6)(23/07)

Nebenbei wird den Leser suggeriert, man wisse, welche Teile der Schrift denn nun nicht verfälscht seien.

Q. "Ich bin Gastarbeiter in Holland. Alle Christen in meiner Umgebung trinken viel Wein. Nun sagte ein Prediger (vaiz efendi):'In der Bibel gibt es einen Vers, der das Weintrinken verbietet', konnte aber nicht angeben, wo."

R. "Es wird berichtet, daß Jesus den Gläubigen den Wein bis zum Jüngsten Tage verboten habe ..." (Als Beweis werden Lk 1,13-16 und Mt 26, 26-29 angeführt)(7) "Aber den Dreieinigkeitsglauben (teslis inancı) der Christen haben wir noch viel mehr zu fürchten als ihr Weintrinken." (23/07)

Wir wollen diesen Aspekt muslimischer Argumentation nicht weiter vertiefen. Wichtig ist in diesem Zusammenhang allerdings die Frage nach der Bedeutung, welche dem Glaubenskrieg (cihad) in der Gegenwart beigemessen wird. Sie führt auch weiter zur Thematik des nächsten Abschnitts in dem die Beziehungen der Muslime, als Gemeinschaft gesehen, zu den Nichtmuslimen zur Sprache kommen.

* In der Interpretation Kerimoğlus stellt sich der Ǧihād als Bestrebung dar, innerhalb der von Allah vorgezeichneten Grenzen von Gut und Böse, d.h. nach der Scheria, zu leben und alle, die in "seinem Reich" gegen ihn rebellieren, mit aller Kraft zu bekämpfen. Ein Teil der Gläu-

bigen kann von den anderen die Verpflichtung (ibadet) übernehmen, den Ğihād für die Verbreitung des Islam auf Erden zu führen. Wenn keine solche Gruppe existiert, wird der Kampf zur Pflicht jedes einzelnen.(8) Heute ist letzteres der Fall, und wer diese Pflichten vernachlässigt, wird sich zu verantworten haben. (16/09)
* Die Form des Kampfes kann nun sehr verschieden sein; heute muß er nicht mehr mittels Waffengewalt ausgetragen werden. Auch ein Glaubenskrieg mit der Feder ist im Sinne Allahs, sofern er gegen Schlechtigkeit und verderbte Sitten (kötülük, ahlâksızlık, münker) geführt wird. Der Glaubenskrieg wird im Islam nicht geführt, um gewaltsam zur Annahme des Glaubens zu zwingen; vielmehr macht ihn die Barmherzigkeit (merhamet) notwendig: Er bedeutet, Angreifer abzuwehren und an ihrer Stelle das Licht der Wahrheit anzuzünden. (21/02)

9.2 Islamisches Staats- und Völkerrecht

Nach dem islamischen Rechtsverständnis besteht die Welt nicht aus einzelnen, souveränen Staaten, sondern aus Gebieten, in denen die Scheria gilt, einerseits und aus "Kriegsgebieten", d.h. dem noch für den Islam zu erobernden übrigen Teil der Welt andererseits.(9) Von diesem Gegensatz sind auch unsere "Fetwas" geprägt: Sie stellen, wie wir aus mehreren Beispielen ersehen konnten, gegebenenfalls die in beiden Gebieten unterschiedlich zu handhabenden Regeln nebeneinander.

Viel mehr vermögen sie allerdings für die Bewältigung gegenwärtiger staatsrechtlicher Probleme, wie sie sich etwa in den Beziehungen zwischen Staatsgewalt und Bürger auftun, kaum zu leisten. Es spiegelt sich eine gewisse Hilflosigkeit in dem Versuch wider, mit dem Phänomen "laizistischer Staat" fertig zu werden; denn das paßt so gar nicht in die Kategorien des islamischen Rechts, die "primär nicht Angehörige verschiedener Staaten, sondern lediglich Angehörige des 'dar al-harb' und des 'dar al-islam' sowie Angehörige verschiedener Religionen (insb.Muslime und Nichtmuslime)" unterscheiden.(10)

Viele Briefschreiber sind sich daher auch nicht im klaren, wie sie den Staat, in dem sie leben, einordnen sollen.

"Sie stellen einige Widersprüche in der Rechtstheorie bezüglich der Geographie (! coğrafya) Anatoliens fest und wollen darüber eine klare Auskunft ...

Die Türkische Republik ist, da ihr die Prinzipien Atatürks zugrundeliegen, ein laizistischer Staat. Aufgrund der Tatsache, daß die überwiegende Mehrheit der Bevölkerung muslimisch ist, hierüber zu einem anderen Urteil zu gelangen, ist vom wissenschaftlichen Standpunkt aus bedenklich.
Da die Gebiets-Theorie (Dar anlayışı) der hanafitischen Fuqahā'es zum Kriterium macht, ob islamisches Recht angewandt wird oder nicht, müßten Leute, die hier widersprechen, also erstmal klarstellen, welchem Schulen-Begründer sie folgen."(11) (18/11)

Konkrete Informationen zum Staatsrecht erschöpfen sich in Erläuterungen zu Rebellion (ası ve bağyı), Apostasie (irtidad) und Unterdrückung (zulüm).

* Rebell wird eine Person genannt, die sich gegen eine legitime Staatsgewalt erhebt. Wenn die Empörer zu dem Mittel greifen, einen Glaubensgrundsatz in Frage zu stellen oder zu leugnen, werden sie zu Apostaten.

"Das gilt aber nicht für jede Art von Regierung: Wenn nämlich ein Ungläubiger islamische Gebiete unter seine Herrschaft bringt, kann man den Kampf der dort ansässigen Bevölkerung gegen den Besatzer nicht 'Rebellion' nennen. Denn die Herrschaft selbst ist nicht rechtmäßig."
(13/11)

* Unterdrückung ist das Gegenteil von Gerechtigkeit (adalet).

"Die Gerechtigkeit bewahrt die Beziehungen der Menschen untereinander und zu anderen Lebewesen und Dingen nach Maßgabe der göttlichen Gebote. Wer das leugnet, ist verflucht, wer die Gebote akzeptiert, sie aber seinen Neigungen anpassen will, wird zum Unterdrücker ...
Wer die in Koran, Sunna und durch Iğmāʿ festgelegten Wahrheiten mit fadenscheinigen Begründungen den Bedingungen der Gegenwart anpassen will, ist ebenfalls ein Unterdrücker.
Allah liebt die Gewaltherrscher nicht, deshalb wird auch jeder, der an ihnen Gefallen findet und seine Stimme nicht gegen sie erhebt, im Höllenfeuer landen." (06/12)

Nach der Rechtstheorie gilt also: Rebellion bedeutet den Versuch, eine islamische Herrschaft gewaltsam zu beenden, Unterdrückung hingegen dem islamischen Gesetz die Herrschaft zu verweigern. Das gilt auch für Versuche, die Scheria den Erfordernissen der Zeit gemäß zu verändern.

Welche Schwierigkeiten es u.U. mit sich bringt, diese Begrifflichkeit auf die Realität anzuwenden und konkrete Fälle zu erläutern, zeigt eine eher ausweichende Auskunft zum Thema "Islamische Republik Iran."

Quaestio. "Im türkischen Programm des iranischen Rundfunks war die Rede von einem Gespräch zwischen Ihnen und Mehmed Fahri, das man mit der Kritik: 'Die Heuchler des Volkes (halkın münafıkları) kann man nicht Kämpfer des Volkes (halkın mücahitleri) nennen' belegte.
Gibt es eine scheriatrechtliche Begründung dafür, daß Sie damals nicht das Wort 'Heuchelei' (nifak) gebrauchten?"

Responsum. "Wenn man einen gesellschaftlichen Vorgang untersucht, sollte man beide Seiten mit ihrer Selbstbezeichnung nennen. Wir haben dieser allgemeinen Regel ohne besondere Absicht enstsprochen. Es ist nicht erlaubt, bei jeder sich bietenden Gelegenheit den Begriff 'Heuchelei' zu gebrauchen ... Nach Māturīdī gilt ein Heuchler als Leugner der Dogmen (akaidde kâfir). Sie wissen sicher, daß zwischen den beiden Gruppen, die den Schah im Iran bekämpft haben, Gegensätze aufgetreten sind; und da sich diese (Meinungsverschiedenheiten) zum bewaffneten Kampf auswuchsen, zeigen die Worte des iranischen Rundfunks die staatliche Sicht des Vorgangs. Von den hanafitischen Fuqahā'werden aber Aufständische gegen eine islamische Regierung als Empörer bezeichnet, und nicht als Heuchler. Wir folgen unserem eigenen Madhab.
Wenn man zudem die Interviews liest, die Ismail Benderderyan von den Muǧāhedīn-e Ḥalq der Zeitschrift TEVHID vom 9. April 1979 an drei Wochen lang gab, wird das Problem noch etwas verzwickter. Zu diesem Zeitpunkt galten die Muǧāhedīn noch als Motor der iranischen Revolution. Heute ist ihre Haltung natürlich anders (zu bewerten).
Wir haben uns in dem erwähnten Gespräch bemüht, die jüngsten Ereignisse im Iran zu analysieren. Wir können uns in der Analyse auch geirrt haben. Aber die Art und Weise der von ihnen gewählten (Methoden) ist erkennbar. Im übrigen wurde das von uns in dem Gespräch gefällte Urteil durch die nachfolgenden Ereignisse bestätigt ...
Langer Rede kurzer Sinn: Wenn wir einen Vorgang untersuchen, halten wir uns an die Auffassungen der sunnitischen Schulenbegründer. Dies ist die Ursache der unterschiedlichen Ausdrucksweise." (02/10)

Welches Verdikt nun denjenigen trifft, der in der Türkischen Republik für die Einführung des islamischen Rechts streitet (ob er als Glaubenskämpfer -mücahit - oder als Empörer zu gelten hat), wird von der Millî Gazete (sicher mit gutem Grund) nicht präzisiert. Man streitet dem Problem jegliche Aktualität ab.

"Im Augenblick ist es vergebliche Mühe, sich darüber den Kopf zu zerbrechen. Denn man muß sich jederzeit die Situation der Gläubigen vor Augen halten. Weil es ihnen zur Zeit nicht möglich ist, Rebellen zu sein, steht so etwas gar nicht zur Debatte." (17/12)

Weil in den vorhergehenden Abschnitten bereits an mehreren Stellen auf Konfliktbereiche zwischen islamischem Fundamentalismus und dem Staatswesen eingegangen wurde, beschäftigt sich dieser Abschnitt nur noch mit Aussagen, die bezüglich der türkischen Spielart des Laizismus, d.h. der Verbeamtung von Religionsdienern, getroffen werden.

Die Polemik läßt sich zuspitzen auf die Frage: Wie kann ein auf den Laizismus vereidigter Beamter eine Religion "verwalten", die keine Trennung von Religion und Politik kennt?(12) So pflichtet die "Fıkıh köşesi" etwa einem Leser bei in seiner Klage: "Ich verstehe einfach nicht, daß die Gottesgelehrten eine Rente beziehen." (21/12) Im übrigen werden jedoch die widersprüchlichen Anforderungen, denen die Religionsdiener Genüge zu leisten haben, durchaus gesehen.

"Kann man es sich als Botschaft (tebliğ) der Muftis, Imame und Prediger vorstellen, daß sie bekanntgeben, es sei verboten, das Neue Jahr (christlicher Zeitrechnung) zu feiern? Bedenken sie, daß der Gebrauch des christlichen Kalenders (miladî takvim) und die Feiern zur Jahreswende eine Angelegenheit des Staates sind.
Muftis, Prediger und Imame sind Staatsbeamte. Beachten Sie den Widerspruch: Der christliche Kalender ist ein gesetzliches Problem. Auch die muslimischen Religionsdiener sind (als Beamte) dem Staat verbunden. Das erwähne ich aus folgendem Grunde: Die jedem Gläubigen als Pflicht auferlegten Kenntnisse werden, ohne vorher gründlich studiert worden zu sein, an Millionen Menschen weitergegeben und mittels Fernsehen, Radio und anderer Massenmedien verbreitet.
Die Beamten des Präsidiums für Religiöse Angelegenheiten wiederum bemühen sich, zu verbreiten, dies sei nicht richtig und es sei verboten, christliche Sitten zu imitieren. Über dieses widersprüchliche Thema wurde und wird jahrelang ein Kampf ausgetragen." (31/12)

Über das muslimische Völkerrecht im engeren Sinne bieten die Rechtsgutachten kaum Informationen, was aber im Hinblick auf die Interessen der Briefschreiber nicht erstaunt. Für sie ist es ja vorrangig von Bedeutung, ob sie sich in einem Lande befinden, das als Dār al-Islām ausgewiesen ist, oder nicht: Beziehungen von Staaten untereinander berühren die Situation des Einzelnen kaum.

* Einem Gläubigen ist es nicht gestattet, sich ohne triftigen Grund länger im nichtmuslimischen Ausland aufzuhalten und dort zu wohnen, denn er würde ja sonst die Macht der Ḥarbīs größer und ihre Bevölkerung zahlreicher erscheinen lassen, als sie ist. Gestattet wird der Aufenthalt, wenn das Wohl der Umma und die Verbreitung des Islam im Vordergrund stehen. (11/12)

* Dabei ist aber immer zu beachten, daß eine Gesellschaft, in der die Scheria nicht alles regelt, die Sicherheit der Gläubigen nicht gewährleisten kann. Darum müssen sie, um Leben und Besitz zu retten, sich so verhalten, wie es ihnen ihr Oberhaupt (Emirü'l Mü'minin) vorschreibt; ansonsten auf keinerlei Weise sich (den Ungläubigen) angleichen.(26/08)

Zusammenfassung

In den voraufgegangenen Abschnitten wurden die Rechtsauskünfte, die Yusuf Kerimoğlu den Lesern der Millî Gazete zwischen dem 1.1. und dem 31.12.1981 gegeben hat, thematisch untergliedert und nach verschiedenen Gesichtspunkten analysiert.

Ausgehend von der Überlegung, welche Funktion islamisch-rechtliche Auskünfte erfüllen sollen bzw. tatsächlich erfüllen (nämlich Handlungsanweisungen für den Einzelnen in seiner je konkreten Situation bereit zu stellen) wurde der Versuch unternommen, die entsprechenden Handlungsanleitungen klar herauszuarbeiten und sie zu erläutern.

Dabei ließen sich diejenigen Aspekte der gegebenen Ratschläge vernachlässigen, die auf reiner Quellendarstellung bzw. dem Zitieren älterer Rechtswerke beruhen; diejenigen dagegen hervorheben, welche eine "selbständige" Auseinandersetzung mit der veränderten Umwelt erkennen lassen. Auf diese Weise wurde in Ansätzen deutlich, welchen Problemen sich die türkischen Muslime in der modernen Welt ausgeliefert sehen, welche Normen und Wertvorstellungen ihre Sicht dieser Realität prägen und welche Handlungserwartungen an den Einzelnen sich daraus ergeben.

Bei eher theoretischen Themen-Bereichen wie Dogmen, Jurisprudenz, Philosophie und Wissenschaft weisen die Leserfragen ein spürbares Interesse auf, sich der eigenen religiösen Tradition bewußt zu werden und ihren Glauben zu sichern bzw. gegen den "Unglauben" abzugrenzen; wobei die entsprechenden Antworten ihrerseits dies Interesse unterstützen, es gar als Verpflichtung auferlegen: Als gemeinsamer Nenner der Auskünfte in diesem Bereich erscheint die Ermahnung zu strengem Taqlîd (Festhalten an der kanonischen Lehre) und die Warnung davor, unverrückbare Dogmen in Frage zu stellen.

Anfragen, welche die kultischen Vorschriften und religiösen Übungen betreffen und in denen es meist um Detailprobleme geht, zeigen Versuche der Leser, innerhalb des modernen Alltags die ihnen auferlegten Pflichten einzuhalten. Durch die Auskünfte werden sie wiederum in ihrer Haltung bestärkt, meist auch zu noch aufmerksamerer Beachtung der Gebote angehalten.

Die größten Diskrepanzen zwischen Glauben und "Umweltbedingungen" treten da auf, wo islamische Normen direkt mit "europäischen" konfrontiert werden; am deutlichsten sichtbar in Bereichen, die nach säkularen Vorstellungen gesetzlich geregelt werden, und in denen sich die islamischen Gebote beträchtlich von den geltenden Gesetzen entfernen: Ehe- und Familienrecht, Strafrecht, Handelsrecht, Staatsrecht.

Die hier auftretenden Konflikte machen deutlich, wie die Bevölkerung weiterhin versucht, an ihren Traditionen festzuhalten, welche Angst sie vor Verstößen gegen die göttlichen Gebote hat. Und auch an diesen Stellen bestätigen die erteilten Auskünfte die Leser-Meinung, man dürfe sich nicht von den überkommenen Werten und Handlungsmustern abwenden, und ermahnen sie die Leser, alle auf sie zukommenden Probleme nach der Scheria zu lösen.

Daß sich die Realität für die Muslime in vielem grundlegend verändert hat, wird zwar durchaus zur Kenntnis genommen, allen "Neuerungen" aber gilt ein ebenso erbitterter Kampf wie dem "Sittenverfall" der Gegenwart. Wir sahen, in welcher Weise beides religiös begründet wird, ausschlaggebend scheinen aber wohl als Letztbegründung die beiden Extreme "Höllenfurcht" und "Paradieseshoffnung" zu sein, die den Einzelnen zur Führung eines islamisch dominierten Lebenswandels motivieren sollen. Als abgeleitetes Motiv kann ein göttlicher Sendungsauftrag betrachtet werden, "das Gute zu gebieten und dem Schlechten zu wehren", den Islam auszubreiten und die muslimische Umma zu stärken.

Nachdem verschiedene Aspekte der in den islamisch-rechtlichen Auskünften gegebenen Handlungsanleitungen sowie ihre erkennbare Zielsetzung unter Bezugnahme auf zugrundeliegende dogmatische Quellen einerseits, auf die Situation der Gegenwart andererseits, in den vorigen Kapiteln zur Sprache kamen, soll in einem weiteren Schritt das Weltbild, das diese Auskünfte dem Leser vermitteln, dargestellt werden.

DAS WELTBILD DER "FIKIH KÖŞESİ"

Es wurde bereits erwähnt, daß sich die Auskünfte der Millî Gazete zum islamischen Recht durch ein Charakteristikum von traditionellen Rechtsgutachten abheben: Sie erteilen neben rein sachlicher Information moralische Ermahnungen, denen die Absicht, die Leser zu beeinflussen, zugrunde liegt. Mit den hierin zum Ausdruck kommenden Normen und Wertvorstellungen beschäftigt sich dieses Kapitel.

Zunächst und vor allem einmal sind die "Fetwas" durch eine überall aufscheinende moralisierende Tendenz geprägt. Die Haltung Kerimoğlus scheint darin derjenigen osmanischer Ulema des 19. Jahrhunderts vergleichbar, wie sie F. Büttner beschreibt.

"Diese Muslime sahen nicht nur althergebrachte Verhaltensweisen und Institutionen ... bedroht, sondern ihnen schien die ganze gottgewollte Ordnung der Welt bedroht, wie sie einst aufgrund der Offenbarung von Muhammad errichtet und seitdem in frommer Nachahmung aufrechterhalten worden war. Weniger den verachteten Ungläubigen außerhalb des Reiches als den schädlichen Neuerungen im Innern schrieben diese Muslime den auch von ihnen erfahrenen Niedergang des Reiches zu. Überzeugt, daß nur Restauration, Rückkehr zu den Vorbildern der Vergangenheit, die Macht der Muslime wiederherstellen könne, bekämpften viele von ihnen daher energisch jeden Reformansatz."(1)

Der Kampf gegen das "Neue" gilt in der Millî Gazete nicht nur Reformern wie Abduh und Afghani (s.o. S. 35); vielmehr werden die verschiedensten weltlichen und "modernistischen" Strömungen bzw. Reformansätze einer heftigen Polemik unterzogen.

"Wenn man genau hinsieht, bemerkt man, daß sich auf islamischem Boden aus Fabeln und Ideologien bestehende Götzendiener-(tagutî)Systeme breit machen.
Darin liegt der durch Neuerer (ehl-i bid'at) der Umma zugefügte Schaden. Sich vor Neuerungen und Aberglauben zu hüten, ist die Pflicht eines jeden und darf auf keinen Fall vernachlässigt werden."(2)   (18/10)

Als "Ideologie" wird alles bezeichnet, was geeignet wäre, die Verfügungsgewalt Gottes auf Erden in Frage zu stellen - in letzter Konsequenz jedes Gedankengebäude außer dem Islam.
* Der Kampf des Islam mit den Ideologien begann bei Kain und wird andauern, bis die Geltung der göttlichen Gebote vollständig durchgesetzt ist.   (05/11; 17/11)
* Zu den bedrohlichen, weil in der Gegenwart auch unter Muslimen um

sich greifenden Weltanschauungen gehören vor allem Kommunismus, Liberalismus, Kapitalismus und "Freidenkertum", denn sie fördern eine skeptische Einstellung zur kanonischen Tradition und bedrohen den Islam.
(passim, v.a. 02/07 und 30/07)
* Jeder aber, der einer dieser Ideologien folgt und damit den Islam leugnet oder bekämpft, wird zum Sklaven (köle) und geht seiner durch das Abkommen mit Gott (misak) konstituierten Freiheit verlustig.
(28/11/1982 unter der Überschrift: "Islam dininde 'hürriyet' nedir?")

Unter solchen Prämissen nimmt auch eine Gesellschaft, die von keiner Weltanschauung monopolisiert wird, eine bedrohliche Erscheinung an: "In den demokratischen Gesellschaften breitet sich die üble Nachrede im Gewande der 'Gedanken- und Meinungsfreiheit' aus wie eine schleichende Krankheit."(3) (14/06)
Beklagt wird auch, daß die Muslime sich zunehmend moderne Theorien zu eigen machen, um den Erfordernissen ihrer Umwelt gerecht zu werden; sind doch solche Theorien durchweg als Einflüsterungen des Teufels zu betrachten. Besonders die Familienstruktur sei dadurch großen Erschütterungen ausgesetzt.(4) (21/10)

Mit dem Eindringen außerislamischen Gedankenguts schreitet nach Kerimoğlu eine "Sittenverderbnis" einher, wie sie nur eine ausgesprochene Niedergangs- und "Endzeitepoche" (ahırzaman hengamesi) kennzeichne. Gegen Unmoral und veränderte sittliche Anschauungen anzukämpfen, stelle ein vorrangiges Ziel für die wahren Gläubigen dar. Denn vor allem diejenigen Verhaltensweisen, welche die Sinneslust wachrufen, stürzten den Menschen immer mehr ins Unglück; der Islam hingegen bewahre ihn davor, indem er die Unsittlichkeit verbiete. (23/04)
Bisweilen nehmen die moralischen Ermahnungen die Form direkter Appelle an:
"Wir müssen das Verwildern oder Verändern islamischer Sitte und Moral verhindern, uns nicht als Mittel zu solchen Verhaltensweisen mißbrauchen lassen, sondern alle, die so handeln, soweit es uns nur möglich ist, daran hindern." (09/01)

"Die Muslime müssen Gesellschaften meiden, die zur Brutstätte des Lasters (fesad yuvası) geworden sind. In solchen Gesellschaften müssen sie einander helfen und alle Machenschaften, welche die Scheria nicht erlaubt, aus dem Wege räumen. Allah möge uns vor den Intrigen derer, die uns zum Schlechten verleiten, schützen!" (24/09)

Gefahren für die Moral der Gläubigen stecken überall im modernen Alltag, sind hinter Kinoreklamen, Zeitungskiosken und unverschleierten Frauen auf der Straße zu vermuten.

"In unseren Tagen ist es ungeheuer schwierig, die 'Unzucht der Augen' (göz zinası) zu vermeiden. Denn die Sünden, Übel und Plagen stürmen von allen Seiten auf uns ein ...
Was uns bleibt, ist Flehen zu Gott, daß die wahren islamischen Sitten zum Leben erweckt werden und der Islam erstarkt." (24/05)

"In diesem Zeitalter der Verführung und der Verderbtheit (fitne ve fesat) ist es fürwahr ein Problem, wie sich die Jugendlichen vor dem Verbotenen retten sollen. Die Muslime müssen einander helfen, damit die Jugend dieser Verführung nicht erliegt." (28/05)

"Die Gefahr, etwas Verbotenes zu tun, ist immer gegeben. Wachsame Gläubige wie Sie müssen dafür sorgen, daß die Jugendlichen in Ihrer Umgebung sich alle ihnen vorgeschriebenen Glaubensinhalte aneignen. Wir sind verpflichtet, in dieser Hinsicht besonderen Eifer an den Tag zu legen. Wenn wir unseren Lebenswandel nach der Scheria ausrichteten, würden wir unserem Schöpfungsauftrag (yaratılış hikmeti) gerecht. Allah möge uns alle zu gehorsamen, gottesfürchtigen und rechtschaffenen Menschen machen." (13/06)

Die Geltungsansprüche, die in den islamischen Handlungsnormen impliziert sind, werden also nicht nur als für den Einzelnen bindend angesehen; er hat darüber hinaus dafür zu sorgen, daß andere sie ebenfalls akzeptieren oder jedenfalls ihrer Verbreitung nicht im Wege stehen. Daß angesichts einer verführerischen Anziehungskraft "unislamischer" Denk- und Lebensformen auf manchen Gebieten Legitimationsprobleme für die traditionellen Wertmuster bestehen, zeigen gewisse Schwachstellen in der Argumentation, vor allem da, wo sie in schlichte Polemik abgleitet. Man versucht zu beweisen, daß es den "Ungläubigen" trotz scheinbarer Überlegenheit in vielem schlechter geht (ihre materialistische Einstellung versperrt ihnen ja den Weg zum Heil; vgl. oben S. 83).

Kritik an der festgefügten Ordnung wird nicht widerlegt, sondern durch Abstreiten jeglicher Kompetenz des Kritik übenden "immunisiert", so etwa in der Forderung, man möge sich nicht an seinem Verstand, sondern an der Scheria orientieren ("Lütfen aklınızı değil, şer'i şerifin hududları esas alınız"). (21/10)
Oder aber manifest angedrohte Sanktionen, wie die Erklärung zum Unglau-

bigen (tekfir), sollen die Geltung der Rechtsnormen sichern: Kritik wird also einfach verboten. (passim)

Oder man läßt Kritik von vornherein nicht aufkommen. Die Gläubigen sollen sich gar nicht erst näher mit "negativen" (sprich: anderen) Gedankengebäuden auseinandersetzen, sondern es ist ihnen befohlen, das Gute zu gebieten und das Böse zu verhindern (31/03) - ohne in irgendeiner Weise die Autorität der verbindlichen Auslegung der Werte "gut" und "böse" durch die islamischen Gesetzesgelehrten bestreiten zu können. Damit ist die größtmögliche Geschlossenheit dieses Weltbildes gewährleistet.

ABSCHLIESSENDE BEMERKUNGEN

Im Verlaufe der Untersuchung wurde versucht, Parallelen und Unterschiede der Rechtsauskünfte in der <u>Millî Gazete</u> zur traditionellen Form türkischer Fetwas aufzuzeigen. Dabei war ein zentraler Gesichtspunkt die <u>Funktion</u>, welche jene zu erfüllen haben.

"Will man überhaupt den Einfluß einer Religion auf das Leben studieren, so muß man zwischen ihrer offiziellen Lehre und derjenigen Art tatsächlichen Verhaltens unterscheiden, das sie in Wirklichkeit, vielleicht gegen ihr eigenes Wollen, im Diesseits oder Jenseits prämiiert ..." (1)

Als Arbeitshypothese wurde angenommen, daß die Leserfragen ein hinreichend genaues Bild von den Interessen und Wertvorstellungen der Fragesteller zu liefern vermögen, daß aber andererseits auch ihr Verhalten von den erhaltenen Auskünften geprägt wird - so daß diese ebenfalls ein Stück Realität widerspiegeln.

Welchen Beitrag nun können die Ergebnisse einer solchen Untersuchung für die Beschreibung und Bestandsaufnahme sozialer wie religiöser Verhaltensweisen der heutigen türkischen Bevölkerung leisten?

Nimmt man mit A. Hottinger einmal an, daß sich die "Schicksalsfrage für die heutige Türkei" formulieren lasse:

"Haben die Reformen Atatürks eine bleibende Einverleibung der Türkei in die industrialisierte, westliche, europäische Welt und ihre Lebensweise bewirkt, oder haben sie nur eine vorübergehende Angleichung an europäische Vorbilder mit sich gebracht, die dazu bestimmt ist, sich im Laufe der Zeit zu verdünnen und den nahöstlichen Charakteristiken des Landes zu weichen?"(2),

so ist damit gleichzeitig die Frage nach den Beziehungen zwischen Religion und sozialem Wandel gestellt, genauer: ob sich die traditionellen islamischen Wertvorstellungen mit dem Leben in einer modernen Gesellschaft des Industriezeitalters vereinbaren lassen, welchen Einfluß Religion und "Religionsdiener" dabei auf die Gläubigen ausüben.

Der Weg, der zur Beschreibung sozialer Prozesse in der Türkei von verschiedenen Wissenschaftlern seit Mitte der 60er Jahre beschritten wurde, war die Beobachtung einzelner dörflicher Gemeinschaften, um mittels vergleichender Studien zu einer Einschätzung ihrer Verhaltensweisen und Einstellungen zu gelangen.(3)

Hinderink/Kiray stellen in ihrer Studie vierer Dörfer in der Çukurova fest, daß ausdrückliche Vorschriften des Islam, soweit sie dem wirtschaftlichen Fortschritt hinderlich seien,· durch verschiedene Modifikationen und Erklärungen relativiert bzw. gar nicht befolgt werden. Unter Hinweis auf die Diskrepanz zwischen "Volksislam" und offizieller Lehre schließen sie auf eine sich abschwächende religiöse Bindung,einen Prozeß der Säkularisierung und Anpassung der Religion an die ökonomische Entwicklung.

"Village life appears to be very tolerant on the point of practice during work periods, but intolerant toward expressed doubt about the mythological content of religious writings. This results in a good adjustment of religion to the social and economic conditions in the village."(4)

"... these people's actions are very different from their beliefs. Anybody who can find a way will borrow without thinking about committing a sin."(5)

Die Tatsache, daß gegenüber Verstößen gegen die religiösen Gebote, nicht aber gegenüber dogmatischen Zweifeln, eine gewisse Toleranz geübt wird, weist auf Parallelen zu der in unseren Rechtsgutachten immer wieder getroffenen Unterscheidung zwischen Glauben und Handeln; nur wer an den Glaubensinhalten zweifelt, hat seine Ächtung durch die muslimische Gemeinschaft zu gewärtigen. Solche Einstellungen bei den Dorfbewohnern anzutreffen, ist daher nicht weiter verwunderlich. Liegt darin schon ein Beweis für "säkulares" Verhalten?

Ein Beispiel für die allmähliche Abschwächung religiöser Normen sehen die Autoren unter anderem in der Haltung ihrer Informanten zu Bildern.

"The process of secularization is illustrated by comments made about pictures. Some made the point that it is a sin to have pictures of naked women, which has nothing to do with the theological interdiction of pictures, which forbids the face to be depicted. For others, having the pictures of strangers is a sin, which is also a new interpretation. Many consider it not a sin to have a picture of the members of one's family. Obviously, the latitude of discrepancy between behaviour and belief can be very large, which indicates the great distance covered by the secularization of the value. For those who accept that to have pictures on the wall is not a sin, the process has been completed."(6)

Nun werden hier, mit geringen Veränderungen, eine ganze Reihe von Argumenten aufgezählt, die auch in den Auskünften der Millî Gazete zur Rechtfertigung von Photographien - vorausgesetzt, es handelt sich bei den erwähnten "pictures" um solche - ins Feld geführt werden.(7)

Daß die Haltung gegenüber Photographien durch ihre Verbreitung in Zeitungen und anderen Massenmedien beeinflußt wurde - diese These vertreten die Autoren -, ist zwar nicht rundweg abzuleugnen, wohl kaum allerdings wird sich die Meinung der Dorfbewohner in bewußter Opposition zu der von islamischen Rechtsgelehrten verbreiteten Ansicht gebildet haben (Meinungsbildung etwa durch selbständige Beurteilung des Sachverhalts und aufgrund selbsterteilter "Fetwas" ist ja verpönt). Wie in mehreren Zuschriften der <u>Milli Gazete</u>-Leser zum Ausdruck kam, genießen religiös Gebildete, meist als "Hodschaefendi" bezeichnet, einigen Respekt in gewissen Schichten der Bevölkerung.

Nicht auszuschließen ist, daß auf diesem Wege der Konsensus unter den Fuqahā'bezüglich neu auftretender Sachverhalte mitsamt den von ihnen gebrauchten Begründungen allmählich zum einzelnen Gläubigen "durchsickert".

Vor diesem Hintergrund könnte das "Fetwa-Wesen" in der Türkischen Republik einiges Interesse beanspruchen: Es ließe sich dingfest machen, welche Verhaltensweisen tatsächlich einen Prozeß der Säkularisierung indizieren, und in welchen Bereichen es - um mit Snouck Hurgronje zu sprechen - "zu irgendeinem Kompromiß zwischen dem Gesetz und dem Leben" gekommen ist.

"Voyez,
nous explorons aujourd'hui
la lune
et nous y faisons
des prières."

Junger türkischer Muslim
(S. Dirks, Islam et Jeunesse)

ANMERKUNGEN

Geschichte und Funktion der Fetwa im islamischen Recht

1. Vgl. A. d'Emilia, Scritti di diritto islamico, Roma 1976, S. 47.

2. C. Snouck Hurgronje, Verspreide Geschriften, Bonn u. Leipzig 1923-27, S. 139.

3. I. Goldziher, Art. "Fikh", EI 1. Aufl., II, 106-111, hier S. 106.

4. G. Bergsträsser, Grundzüge des islamischen Rechts, Hrsg. J. Schacht, Berlin u. Leipzig 1935, S. 14.

5. Snouck Hurgronje, Verspreide Geschriften II, 296 ff.

6. ibd., S. 305.

7. Vgl. J. Benzing, Islamische Rechtsgutachten als volkskundliche Quelle, Mainz u. Wiesbaden 1977, S. 8.

8. E. Nunè, "Il parere giudico ('fatwà') nel diritto musulmano", Oriente Moderno 24.1944.27-35, hier S. 28.

9. Vgl. u.a. E. Mardin, Art "fetvâ", İA IV,582-584; Th.W. Juynboll, Handbuch des islâmischen Gesetzes nach der Lehre der schâfiitischen Schule, Leiden u. Leipzig 1910, S. 55; D.B. Macdonald, Art. "Fatwā", EI 1. Aufl. II, 97.

10. Nunè, "Il parere giudico", S. 32.

11. Vgl. Mardin, "fetvâ", S. 583; N. Akaltun, İslam fıkhı ve hukukuna ait 1099 fetva, 3 Bde. Ankara 1974-76, Bd. I, S. II.

12. Nach den islamischen Rechtsgelehrten sind vom Mufti bestimmte Eigenschaften mitzubringen, die ihn zum Ausstellen von Rechtsgutachten befähigen: eine integre Persönlichkeit, profunde Rechtskenntnis, Anerkennung der islamischen Gesetze etc. (Vgl. hierzu Mardin, "fetvâ", S. 583; Ö.N. Bilmen, Hukuki İslâmiyye ve ıstılahatı fıkhiyye kamusu, Istanbul 1970-76, Bd. I, S. 263; E.M. Düzdağ, Şeyhülislâm Ebussuûd Efendi Fetvaları Işığında 16. Asır Türk Hayatı, Istanbul 1972, S. 13 f.

13. Vgl. E. Tyan, Art. "fatwā", II, EI 2. Aufl. II,866.

14. Vgl. J. Schacht, An Introduction to Islamic Law, 2. Aufl. Oxford 1966; Nunè, "Il parere giudico", S. 29.

15. J.R. Walsh, Art. "fatwā" II, EI 2.Aufl., II,866f.

16. Siehe hierzu İ.H. Danismend, İzahlı Osmanlı Tarihi Kronolojisi, Bd. 5, Istanbul 1971, S. 109; H.G. Majer, Art. "Mufti", LIW II,188 ff.; H. Krüger, Fetwa und Siyar, Wiesbaden 1978, S. 44.

17. Die Ilmiye war "eine mächtige, der Religion dienende Organisation. Als Hierarchie der theologisch-juristisch Gebildeten war sie einer der institutionellen Pfeiler des osmanischen Staates. Als Bewahrerin des orthodox-islamischen Charakters des Reiches umfaßte sie das religiös bestimmte Erziehungs- und Rechtswesen und hatte überdies gewisse Verwaltungs- und Aufsichtsbefugnisse." (H.G. Majer, Vorstudien zur Geschichte der Ilmiye im Osmanischen Reich, München 1976, S. 2.)

18. Düzdağ, Ebussuûd, S. XI. Daß sich diese Redensart bis auf den heutigen Tag im "Volke" erhalten hat, zeigte die Sympathiekundgebung einiger islamischer Gruppierungen, darunter auch "Millî Görüş", für Khomeini in München am 17.03.1979. Hier waren Spruchbänder zu sehen, die die Forderung nach Einführung des Scheriatrechts mit eben dem Spruch "Şeriâtın kestiği parmak acımaz" untermauerten (frdl. Mitteilung von Dr. K. Binswanger, München).

19. Vgl. hierzu und zum folgenden: Krüger, Fetwa und Siyar, S. 58 ff., sowie die dort angegebene Literatur.

20. U. Heyd, "Some Aspects of the Ottoman Fetva", BSOAS 32.1969.35-36, bringt eine ausführliche Beschreibung der Form osmanischer Fetwas. Ein Beispiel für eine längere Antwort findet sich bei Düzdağ, Ebusuûd, S. 85 f., Mes'ele 349.

21. Vgl. C.H. Becker, Islamstudien, Leipzig 1925-32, S. 312 f.

22. Krüger, Fetwa und Siyar, S. 56; vgl. die Fetwas bei F. Selle, Prozeßrecht des 16. Jahrhunderts im Osmanischen Reich, Wiesbaden 1962, S. 17, Mesele 2 und S. 63, Mesele 10.

23. "As soon as a decision reached by a Mufti on a new kind of problem had been recognized by the common opinion of the scholars as correct, it was incorporated in the handbooks of the school." (Schacht Introduction, S. 74 f.) Vgl. a. Snouck Hurgronje, Verspreide Geschriften II, S. 432.
Eine Aufstellung arabischer Fetwa-Sammlungen findet sich bei C. Brockelmann, Geschichte der arabischen Litteratur, Leiden 1937-49, Suppl.Bd. 3, S. 856-8 (Index s.v. "fatawā(i)").
Osmanische Sammelwerke u.a. bei S.M. Özege, Eski Harflere Basılmış Türkçe Eserler Kataloğu, 5 Bde. Istanbul 1971-79, Bd. 1, S. 401 f.

24. Snouck Hurgronje, Verspreide Geschriften II, S. 421.

25. So jedenfalls sieht es Benzing, Rechtsgutachten, S. 4.

26. Zum Beispiel A.V. Ecer, "Türk kültürünün tetkikinde fetva kitapların önemi", Türk Kültürü 8.9.1970.400-405; Benzing, Rechtsgutachten; Düzdağ, Ebusuûd.

27. Ecer, "Fetva kitapların önemi", S. 401.

28. So sind beispielsweise in Ägypten durch Fetwas 1951 der Genuß von Pepsi-Cola und Coca-Cola, 1953 die Verwendung von Mikrophonen und Lautsprechern bei Gottesdiensten - dies übrigens eine häufig ge-

stellte und äußerst kontroverse Frage - für unbedenklich erklärt worden (vgl. hierzu Benzing, Rechtsgutachten, S. 7).

29. "Islam und Phonograph", Verspreide Geschriften II, S. 420-47. Fetwas sind als Instrument der politischen Auseinandersetzung auch im osmanisch-persischen Krieg 1723-1727 gebraucht worden. Über die anti-schiitische Polemik der osmanischen Ulema siehe: E. Eberhard, Osmanische Polemik gegen die Safawiden im 16. Jahrhundert nach arabischen Handschriften, Freiburg 1970, S. 71-163.

30. Snouck Hurgronje II, S. 423.

31. H.J. Kissling, "Zur Geschichte der Rausch- und Genußgifte im Osmanischen Reiche", Südost-Forschungen 16.1957.342-356, hier S. 351 f.

32. Nunè, "Il parere giudico", S. 30 f.

33. Der Begriff wird des weiteren im Zusammenhang mit der Millî Gazete in Anführungszeichen gebraucht werden, da es sich "offiziell" nicht um Fetwas handelt (s.u. S. 17).

"Fetwas" in der laizistischen Türkei

1. Vgl. zum gesamten Komplex der Reformgesetze Atatürks, stellvertretend für alle anderen: G. Jäschke, "Der Islam in der neuen Türkei", Welt des Islam N.S. I.1951.1-174, II.1953.276-285; B. Lewis, The Emergence of Modern Turkey, London 1966, S. 406-411; U. Iğdemir u.a., Atatürk, Istanbul 1963.
"The greatest and at the same time the most insidious enemies of the revolutionaries are unjust laws and their decrepit upholders ... It is our purpose to create completely new laws and thus to tear up the very foundations of the old legal system." (Aus der Rede Atatürks bei der Eröffnung der jurustischen Fakultät Ankara 1925, zit. nach: Lewis, Emergence, S. 269).

2. Auch der letzte Punkt erfordert ein "Umdenken", die Abkehr von einer geistigen Tradition: Die Welt soll nicht mehr in "Gläubige" und "Ungläubige" geteilt werden, sondern in Türken und Nichttürken (vgl. hierzu P. Stirling, "Religious Change in Republic Turkey", Middle East Journal XII.1958.395-408). Die allmähliche Ersetzung des Begriffes "Ungläubige" durch den allgemeineren des "Westens" im Bewußtsein der Muslime steht auf einem anderen Blatt.

3. N. Arslanpay, Diyanet İşleri Başkanlığı, 1924-1973, Ankara 1973, S. 14. Ist diese Unterstellung der religiösen Funktionsträger unter staatliche Kontrolle die, wie Bernard Lewis (Emergence S. 407) meint, "logical conclusion" der Bürokratisierung der Ulema, welche unter Mahmud II begonnen hatte?

4. J.M. Landau, "The National Salvation Party in Turkey", Asian and African Studies 1.11.1976.1-57, hier S. 2.
Zum Thema "Wiederaufleben des Islams" vgl. u.a. auch: B. Lewis, "Islamic Revival in Turkey", International Affairs XXVIII.1953.38-48; H.A. Reed, "Revival of Islam in Secular Turkey", Middle East Journal

VIII.1954.267-288; Jäschke, "Der Islam in der neuen Türkei".

5. Es hatte sich herausgestellt, daß die Abschaffung des Religionsunterrichts den "Aberglauben" des Volkes förderte, da es gezwungen war, auf anderen Wegen Einzelheiten des Glaubens in Erfahrung zu bringen. Des weiteren sollte einer kommunistischen Infiltration durch Aufwertung der Religion begegnet werden. Daher wurde 1949 der Religionsunterricht an den Schulen wieder eingeführt, Korankurse erlaubt und die Schulen für Imame und Prediger neu gegründet. (Hierzu im einzelnen X. Jacob, L'enseignement religieux dans la Turquie moderne, Berlin 1982, S. 162 ff. et passim; Lewis, Emergence, S. 412 f.)

6. Vgl. Arslanpay, Diyanet, S. 41 ff.

7. E. Hirsch, "Laizismus (Layiklik) als verfassungsrechtlicher Begriff in der Türkischen Republik", Orient 15.3.1974.106-112.

8. Die Türkei ist seit 1976 Vollmitglied der Islamischen Konferenz. Über den Islam als Faktor der türkischen Außenpolitik siehe Z. Önder, "Die ideologische und kulturelle Desorientierung der Türkei. Die islamische Komponente in der türkischen Innen- und Außenpolitik", Orient 4.19.1978.58-69; U. Steinbach, Kranker Wächter am Bosporus. Die Türkei als Riegel zwischen Ost und West, Freiburg 1979.
Mit Amtsantritt der Regierung Özal Ende 1983 begann Ankara, sich wirtschafts- und außenpolitisch von Europa ab- und islamischen Ländern zuzuwenden; Özal selbst hatte vor der militärischen Intervention vom 12.9.1980 in Izmir für die MSP (erfolglos) kandidiert, war aber - im Gegensatz zu seinem Bruder - nie Mitglied der Partei.

9. Vgl. Hirsch, "Laizismus", S. 111 f.

10. Vgl. K. Binswanger, "Islamischer Fundamentalismus und türkischer Nationalismus", Analysen. Aus der Abteilung Entwicklungsländer-Forschung (Friedrich-Ebert-Stiftung) 89/90.1981.23-26, hier S. 30.
Lütfi Doğan wurde im Februar 1983 von einem Militärgericht zusammen mit anderen MSP-Führern zu 2 Jahren schwerer Haft verurteilt. - Nach Art. 94 des Gesetzes Nr. 648 vom 13.7.1965 dürfen politische Parteien in der Absicht, die soziale, wirtschaftliche oder rechtliche Grundordnung des Staates, sei es auch nur teilweise, auf religiöse Normen zu stützen oder sich einen politischen oder persönlichen Vorteil zu sichern, keinerlei Tätigkeiten entfalten, welche dazu dienen, die Religion oder religiöse Gefühle oder religiös für heilig gehaltene Dinge auszubeuten oder zu mißbrauchen (vgl. Hirsch "Laizismus", S. 106).

11. B. Scarcia Amoretti, "Due Osservazione sul Modernismo Islamico", Annali della Facolta di Lingue e Litterature Stranieri di Ca'Foscari (Venezia und Brescia) 15.3.1976.25-40. Abbildung eines Fetwa-Formulars des Müftülük von Istanbul auf S. 35!

12. ibd., S. 34.

13. Vgl. Arslanpay, Diyanet, S. 42, Madde 5c: "Din ile ilgili soruların cevaplarını hazırlamak." Zur Organisation der Muftis in der Türkischen Republik siehe auch Mardin, "fetvâ", S. 584.

14. N. Akaltun, İslâm fıkhı ve hukukuna ait 1099 fetva, stellt eine modernisierte Ausgabe der Hulâsat ül-Ecvibe dar, welche die Fetwas von sechs berühmten Şeyh ül-İslâms in Form einer Konkordanz in sich vereinigt; die Herkunft der übrigen Fetwas wird nicht erklärt. (Das Zitat entstammt dem Vorwort zu Bd. 1 der Reihe).

15. N. Akaltun, 1099 Fetva'nın 3. Cildi. 1071 Fetva, Ankara 1976, Önsöz.

16. K. Anlar, in: M. Emre, Açıklamalı Fetvalar. Sorular - Cevaplar, Istanbul 1979, Takdim.

17. Akaltun, 1099 Fetva I, S. 161.

18. Zit. nach Benzing, Rechtsgutachten, S. 8 (Das Thema ist ein "Dauerbrenner" in der Fetwa-Literatur; s.u. S. 39).

19. Vgl. O. Oehring, "Strafrechtlicher Bevölkerungsschutz und Bevölkerungsplanung in der Türkischen Republik", Orient 12.3.1980.345-370. (Siehe auch unten S. 51 f.)

20. Vgl. S. Borak, Atatürk ve Din, Istanbul 1962, S. 46 f.

Millî Gazete und Nationale Heilspartei

1. Sure 17,81: "Und sag: Die Wahrheit ist (mit dem Islam) gekommen, und Lug und Trug (des Unglaubens) sind verschwunden. Lug und Trug schwinden (immer) dahin." (Koranstellen werden durchgängig nach der Übersetzung R. Parets, Stuttgart 1962, zitiert).
Der Vers steht in einem Kontext, wo den anderen Offenbarungsreligionen (Judentum und Christentum) Verfälschung der Gottesbotschaft vorgeworfen wird. Hieraus kann ein Absolutheitsanspruch des Islam und Verpflichtung, die "Wahrheit" zu verbreiten und durchzusetzen, abgeleitet werden.

2. (Datumsangaben mit Schrägstrich beziehen sich stets auf die entsprechende Ausgabe der Millî Gazete, und zwar, soweit nicht anders angegeben, auf den Jahrgang 1981.)
Leserzuschriften aus der Bundesrepublik sind übrigens alles andere als eine Ausnahme - Millî Gazete besitzt eine Deutschlandausgabe (Erscheinungsort: Frankfurt a.M., Auflage: ca. 5000).

3. Landau, "National Salvation Party", S. 52.

4. Zum Programm der MSP im Wahlkampf 1973: ibd., S. 13-16.

5. Der MSP-Handelsminister Fehmi Adak beispielsweise argumentierte, Touristen brächten zwar Geld ein, verdürben dafür aber die öffentliche Moral. Und die MSP brachte eine Gesetzesvorlage im Parlament ein, nach der jeder bestraft werden sollte, der Allah, seinen Propheten oder den Islam im allgemeinen beleidige. "Such disrespect would be considered an offence against moral freedom - in a startling turning-of-the-tables on secularist attitudes in the matter." (Landau, "National Salvation Party", S. 43).

6. Zum Wahlprogramm von 1977 siehe E. Franz, "Die politische Krise der Türkei im Spiegel der Legislaturwahlen vom Juni 1977", Orient 4.18. 1977.74-92. Vgl. auch die bei T. Çorumlu, Büyük Türkiyeye Doğru. Erbakan olayı, Istanbul 1974, auf S. 24-28 wiedergegebenen Erbakan-Thesen. Erbakan selbst hatte in seinem Buch Millî Görüş (Ankara 1973), in dem er den Standpunkt seiner Partei darlegt, diese Thesen vertreten. Der "Nationale Standpunkt" sei eine ausgewogene Geisteshaltung (als "goldene Mitte" zwischen Kapitalismus und Kommunismus), die inneren Frieden und soziale Gerechtigkeit gewährleiste. - Nicht von ungefähr nennt sich die europäische Sympathisantenorganisation "Millî Görüş". Aufgrund des türkischen Gesetzes, daß keine Partei Filialen im Ausland unterhalten darf, mußte sie einen anderen Namen wählen als die Mutterpartei. "Millî Görüş" ist in der Bundesrepublik der größte islamische Dachverband; seit einiger Zeit versucht die Organisation hier den Status einer Körperschaft des öffentlichen Rechts zu erreichen (vgl. auch Anm. 12).

7. Süddeutsche Zeitung, 8.9.1980.

8. Süddeutsche Zeitung, 3.7.1980.

9. Siehe hierzu die Berichterstattung der Millî Gazete vom 5., 6. und 7.9.1980.

10. Deutsche Tagespost (Würzburg), 3.4.1978.
    Arabia (21/1983, S. 5) zitiert aus der Anklageschrift gegen die MSP, in der Necmettin Erbakan schwerer Rechtsverletzungen beschuldigt wird: "In different meetings, on May 29,1980, in Konya, May 29,1979, in Yozgat etc, people shouted slogans such as 'Down with the atheist state', 'Islamic state, certainly', 'Islam is the only way', 'Sharia is the Islam', 'Constitution is Quran'.
    The banners carried by them read: 'Those who do not judge according to the commandments of Allah are Kafirs', 'The Truth (Haq) has now arrived and Falsehood (Batil) has disappeared', 'Muslims, you would remain slaves of Kafirs unless your own systems has been established', 'our Jihad is struggle between Haq and Batil', 'Those who do not rule according to what God has revealed are aggressors', 'One caliph, one State'. ... These evidences show that the MSP, despite being a political organisation, has been used for the purpose of establishing a Sharia state."

11. In der Begründung des Gerichts stützte man sich auf Art. 163 türk. StGB. Es hieß darin u.a.: "Es ist erwiesen, daß die Angeklagten die legal gegründete MSP zur Tarnung ihrer wahren Absichten gebrauchten und sie in eine illegale Vereinigung umwandelten, mit dem Ziel, die wirtschaftlichen und sozialen oder politischen oder rechtlichen Grundlagen des Staates - und sei es auch nur zum Teil - an religiöse Prinzipien oder Glaubensgrundsätze anzugleichen." (Millî Gazete 04/03/83).

12. Nach Millî Gazete vom 26/05/1981 ist Millî Görüş außer in der Bundesrepublik auch in den Niederlanden, Österreich, Belgien und Frankreich vertreten.
    Außer einem "Akıncı-Arbeiter-Verein" und einer "Islamistischen Studentenorganisation" besteht noch eine Jugendorganisation, die sich

neuerdings DİGT ("Welt-Organisation der Islamistischen Jugend") nennt (Millî Gazete 21/03/1983 et passim).

Die islamisch-rechtlichen Auskünfte der Millî Gazete

1. Die Bezeichnung "Fetwa" taucht an mehreren Stellen auf (z.B. 27/08; 01/10; 17/12; 13/06).
In der "Fıkıh köşesi" vom 28/11/1982 heißt es dagegen:
"Wir bemühen uns, unseren Brüdern, die unserer Kolumne schreiben und ihre Probleme schildern, in unsere Sprache zu übersetzen und zu erläutern, was wir in den Quellen auffinden können. Aber keine dieser Auskünfte fällt unter die Kategorie 'Fetwa'. Denn bei Fetwas muß vor allen Dingen die Glaubens- und Handlungssituation des Fragenden bekannt sein. Zudem ist es Bedingung, vom 'Staatsoberhaupt' (Ulu'l emr mit dieser Aufgabe betraut worden zu sein. Da von beiden Gegebenheiten nicht die Rede sein kann, sind wir gezwungen, uns in dieser Kolumne auf das Überliefern zu beschränken." Offensichtlich haben einige Leser die Tätigkeit Kerimoğlus dem Erteilen von Fetwas gleichgesetzt. -
Um Parallelen der Rechtsauskünfte zur traditionellen Fetwa-Form herauszustellen, sollen folgende Fetwasammlungen (in Übersetzung) fallweise zum Vergleich herangezogen werden:
1) N. Akaltun, İslâm fıkhı ve hukukuna ait 1099 fetva
2) M. Oruç, Kürsîden Fetvâlar
3) E.M. Düzdağ, Şeyhülislâm Ebussuûd Efendi Fetvaları
4) M. Emre, Açıklamalı Fetvâlar. Sorular - Cevaplar
(enthält neben Fetwas aus der "Hulâsat ül-Ecvibe" Fragen und Antworten, die in der Zeitung Ufuk zwischen 1976 und 1979 abgedruckt wurden.)
Weitere Quellen werden von Fall zu Fall angegeben.

Der Redaktor

1. Frdl. Mitteilung von Abdulkadir Özkan, Chefredakteur der Millî Gazete.

2. Verlag: Für die 1. und 2. Aufl. Furkan Yayınları, Istanbul; 3. Aufl. Ölçü Yayınları, Ankara.
Ein weiterer Band mit Rechtsauskünften ist für März 1984 vorgesehen.

Die Quellen

1. "Es kann uns ins Verderben stürzen, wenn wir uns in Fragen des islamischen Rechts die Beweise unseres eigenen Verstandes zum Maßstab nehmen und in den selbständigen Urteilen der Schulenbegründer nach Widersprüchen suchen. Unsere Haltung in dieser Kolumne ist: daß jede Frage nach den Urteilen zu beantworten ist, die sich in den kanonischen Rechtswerken finden." (03/11)

"Mein werter Bruder, wir können lediglich die Urteile aufführen, die sich in den kanonischen Rechtswerken finden." (29/07)

-
Nach Entstehung der Maḏāhib wurde der İǧtihād "relativ" und trat

noch später hinter der rein passiven Übernahme (taqlīd) zurück, so daß sich der Mufti darauf beschränken mußte, die festen Regeln der Jurisprudenz nach bestem Wissen und Gewissen anzuwenden. Demnach verdienen im sunnitischen Islam nur die allerersten Rechtsgelehrten und Schulenbegründer in vollem Umfange den Titel "Muğtahid", d.h. derjenige, der den İğtihād praktiziert (vgl. L. Gardet, Islam, Köln 1968, S. 157)

Themenbereiche der Rechtsauskünfte

1. Siehe hierzu W. Heffening, "Zum Aufbau der islamischen Rechtswerke", Studien zur Geschichte und Kultur des Nahen und Fernen Ostens (Festschrift Kahle), Leiden 1935, S. 101-118; J.v. Hammer-Purgstall, Des Osmanischen Reiches Staatsverfassung und Staatsverwaltung, Wien 1815 I, S. 11 ff.; Snouck Hurgronje, Verspreide Geschriften II, S. 395.

Glaubensfragen und Fragen zum Fiqh

1. Emre, S. 196:
Frage: "Das Wort 'Allah' wird in den Zeitungen übersehen und man wirft diese (achtlos) fort. Gilt das nicht als Respektlosigkeit gegenüber dem Namen Allahs?"
Antwort: "Wenn in Zeitungen und in anderen gedruckten Medien fromme Sprüche oder andere geheiligte Worte stehen, dürfen sie nicht auf der Erde liegengelassen werden. Im Notfall ist es angebrachter, sie zu sammeln und zu verbrennen." -
Allein zu dieser Frage hat Kerimoğlu vier Auskünfte erteilt, welche übereinstimmend besagen: Koranstellen und Ḥadīte müssen ausgeschnitten und sorgfältig aufbewahrt werden, bevor man Zeitungen fortwirft oder als Verpackungsmaterial verwendet (29/01; 28/02; 29/06; 26/05).

2. Emre, S. 155:
"Unter der Bedingung, Ehrfurcht zu zeigen, bestehen hinsichtlich des Anhörens von Koran(versen) zu Hause oder vom Band keinerlei Bedenken."

3. Emre, S. 151:
"Dafür, den Koran in einer anderen als seiner (ursprünglichen) Schrift zu schreiben, haben die islamischen Rechtsgelehrten keine Erlaubnis und keine Fetwa erteilt."

4. " Die Nichterfüllung der Forderungen des Gesetzes macht den Muslim noch nicht zum Ungläubigen, sondern erst die Leugnung der Giltigkeit dieser Forderungen." (R. Hartmann, Die Religion des Islam, Berlin 1944, S. 62)
Der Tatbestand der Apostasie gilt bereits bei Leugnung eines Glaubenssatzes oder Schändung eines Koranexemplars etc. als erfüllt; Abfall vom Glauben wird mit dem Tode bestraft, wenn er von einem männlichen, geschlechtsreifen Muslim im Vollbesitz seiner Geisteskräfte und nicht unter Zwang begangen wurde. Nach hanafitischer Lehre werden Frauen eingesperrt, bis sie den Islam wieder annehmen (im Gegensatz zu anderen Rechtsschulen - vgl. W. Heffening, Art. "Murtadd", EI 1. Aufl., III,795-7).

5. Emre, S. 185 f.:
"Wenn von hundert Verhaltensweisen einer Person eine dem Benehmen von Muslimen, 99 hingegen dem Benehmen von Nichtmuslimen ähneln, wird entschieden, daß er Muslim ist. Daß er für die Sündhaftigkeit seiner Handlung verantwortlich ist, ist eins; daß er als Muslim gilt, steht auf einem anderen Blatt." -
Die Anschauung, Glauben und Werke seien zwei getrennt voneinander zu betrachtende Dinge, legt im Umkehrschluß die Vermutung nahe, daß dem Nichtmuslim noch so viele gute Taten nicht zu seinem Heil angerechnet werden. Heinrich Heine hat diese Anschauung karikiert:
"In der dritten Reihe saßen die Heiden, die, ebenso wie die Juden, der Seligkeit nicht teilhaftig werden können, und ewig brennen müssen. Ich hörte, wie einer derselben, dem ein vierschrötiger Teufel neue Kohlen unterlegte, gar unwillig aus dem Topfe hervorrief: 'Schone meiner, ich war Sokrates, der Weiseste der Sterblichen, ich habe Wahrheit und Gerechtigkeit gelehrt und mein Leben geopfert für die Tugend.' Aber der vierschrötige, dumme Teufel ließ sich in seinem Geschäfte nicht stören und brummte: 'Ei was! alle Heiden müssen brennen, und wegen eines einzigen Menschen dürfen wir keine Ausnahme machen.'" (Ideen. Das Buch Le Grand)

6. Auch auf anderen Gebieten ist diese Denkungsart anzutreffen: Geburtenkontrolle etwa und Bevölkerungsplanung können nichts Gutes bewirken, denn der Zusammenhang zwischen Bevölkerungsexplosion und sozialer Verelendung ist vom "papaz Malthus" (Thomas Robert Malthus, 1766-1834, englischer Nationalökonom) zuerst erkannt worden (08/09; vgl. S. 51).

7. Antwort: "Da die Frau von Natur aus emotional veranlagt ist, würde sie in der Rechtsprechung nolens volens ihren Gefühlen unterliegen. Der Islam möchte aber, daß die Urteilsfindung ohne Fehler und Mängel vor sich gehe, und weil er in manchen Dingen solch klare Grenzen setzt, ist er ein sehr vernünftiger, logischer Weg." (27/02)

Kultische Pflichten

1. Ebu Suʿûd (im Amt 1545-1474), Şeyh ül-İslâm unter Süleyman dem Prächtigen und Selim II.; über ihn siehe M.C. Baysun, "Ebüssuʿud Efendi", I.A. IV, S. 92-99; Düzdağ, Ebussuûd, S. 89-118 und 185-202; J. Schacht, Art. "Abū'l-Suʿūd", EI 2. Aufl. I, S. 152.

2. Mit zu den bekanntesten türkischen Katechismen gehören Ö.N. Bilmen, Büyük İslâm İlmühâlı, Istanbul o.J.; H.H. Işık, Tam İlmihâl. Se'adet -i Ebediyye, Istanbul 1979 (22. Aufl.)

3. Gemeint: Das Problem des Bilderverbots (s.u. S. 65)?

4. "Es gibt keine Vorschriften für Bekleidung während des Gebets. Nur die 'heimlichen Teile' (mahrem yerleri) müssen bedeckt sein."(04/05)
Oruç, S. 73:
"Im Pyjama kann das Gebet verrichtet werden. Es genügt, wenn dieser sauber ist und die Geschlechtsteile bedeckt."

5. Emre, S. 284:
"Wenn man seine kultischen Pflichten im Bewußtsein der göttlichen Gegenwart, so als könne man Allah sehen, verrichtet, ist es möglich, Einflüsterungen zu begegnen. Denn an Orten, wo das Licht ist, kann die Dunkelheit nicht wohnen."

6. Die Bedingungen für das Freitagsgebet sind:
   a) große Stadt
   b) Sultan (bzw. "Ulu'l-emr")
   c) Zeit des Zuhur
   d) Hutbe
   e) Gemeinde
   f) Allgemeine Erlaubnis des Emirs
   (vgl. Horster, Anwendung des islamischen Rechts, S. 102, Anm. 2). -

   Aus den fetâvâ-i Behce:
   "Eine Gemeinde beim Freitagsgebet besteht aus mindestens drei Personen." (zit. nach: Emre, S. 24)

7. Aus einer Fetwa des Ahmed Efendi (Mitte 18. Jh.):
   "Wenn durch sexuell erregende Anblicke oder Phantasievorstellungen eine Erektion hervorgerufen wird, und nach deren Abklingen Sperma oder eine andere Flüssigkeit austritt, ist eine große rituelle Reinigung nicht erforderlich." (zit. nach: Akaltun, II, S. 89)

8. Siehe hierzu J. Wensinck, Art. "Tayammum", EI 1. Aufl. IV, S. 767.

9. Emre, S. 303:
   "Wenn der Ort, an dem das Bad genommen wird, größer ist als fünf Ellen im Quadrat, ist es Bedingung, daß die Geschlechtsteile bedeckt sind."

10. Elektrisch erhitztes oder durch die Sonne erwärmtes Wasser ist für die Waschung zulässig, falls die Reinheit des Wassers dadurch erhalten bleibt - d.h. keine Veränderung in Geruch, Geschmack oder Farbe auftritt. (Sinngemäß die gleiche Antwort bei Emre, S. 224).

11. Antwort des Diyanet İşleri Müşavere Kurulu vom 26.4.1964 auf die Frage, ob Zahnfüllungen einen Hinderungsgrund für die Reinigung darstellten:
    "Zähne aufgrund einer Notlage mit einer metallischen Substanz zu füllen, plombieren oder befestigen, stellt keinen Hinderungsgrund für die Reinheit dar." (zit. nach: Akaltun, I, S. 91).
    Emre, S. 220:
    "Unter der Bedingung, daß eine Notlage vorliegt, und in der Absicht, die Grenze der Notlage nicht zu überschreiten, ist es als erlaubt anzusehen, Zähne zu plombieren oder zu füllen."

12. ibd., S. 220:
    "Es ist empfohlen, Wohlgeruch zu benutzen, wenn man ... zum Gebet geht ... Der Geruch muß von einer Substanz ohne Alkoholgehalt kommen. Kölnischwasser ist, nach der vorzuziehenden Ansicht, nicht sauber."
    Oruç, S. 122:
    "Um es kurz zu machen, nach Abu Hanifa sind Spiritus und Kölnisch-

wasser nicht schmutzig. Nach den Schafiiten ist Spiritus (Weingeist) schmutzig."

13. Nach dem hanafitischen Maḏhab sei dies - so Kerimoğlu - erlaubt wenn man selbst seine Pilgerfahrt schon abgeleistet habe. -
Aus einer Fetwa des Behcet Abdullah Efendi (Fetâvâ-i Behce, Mitte 18. Jh.):
"Wenn jemand, für den die Pilgerfahrt Pflicht ist, diese nicht erfüllt, und auch ohne Testament stirbt, und wenn die Erben dann statt seiner einen anderen auf Pilgerfahrt schicken, dann wird die Pilgerfahrt des Verstorbenen hinfällig."

14. Aus einer Fetwa des Ibn Nuǧaim (16. Jh.):
"Wenn ein Fastender im Ramaḍān des Tags im Schlafe einen Samenerguß hat, wird sein Fasten nicht gebrochen sein. Weder Nachholen noch Sühnegabe sind erforderlich." (zit. nach: Emre, S. 51)

15. Jäschke, Islam in der neuen Türkei, S. 41.

16. Nach dem teilweise noch heute gültigen Grundstücksgesetz von 1858 wurde das freie Eigentum (erazi-i memluke) früher als Lehen (timar, ziamet, has) verpachtet - "Miriye-Land" -, später zu ziemlich freiem Besitz vergeben, blieb aber im Obereigentum des "Fiskus". (vgl. ibd., S. 42; Ö. N. Bilmen, Hukuki İslâmiyye ve ıstılahatı fıkhiyye kamusu, Bd. 3, S. 564 ff.) -
Fetwas von Ebū Suʿûd zu dieser Frage bei Düzdağ, S. 167, Mes'ele 824 ff.
Emre, S. 73:
"Als letztes Wort (in jener Sache) können wir dieses Leitprinzip nennen: Der Boden der Türkei ist Privatland und die Abgabe des Zehnten Pflicht."

16. Ibn Taimīya (st. 728/1328) gehörte zwar dem hanbalitischen Maḏhab an, folgte aber dennoch nicht konsequent dessen Lehrmeinungen, sondern bezeichnete sich selbst als Muǧtahid.
Von der Mehrzahl der bedeutenden Rechtsgelehrten wich er u.a. im Punkte der Almosensteuer ab: Die nicht durch die Religion vorgeschriebenen Steuern seien erlaubt; ihre Bezahlung schließe die Befreiung von Zakāt in sich (vgl. H. Laoust, Art. "Ibn Taimiyya", EI 2. Aufl., III,951-5). -
Ein weiteres Beispiel für den Versuch, Fetwas als "politisches Instrument" zu gebrauchen: Das Präsidium für Religiöse Angelegenheiten vertritt hier den Standpunkt des Staates. Die Argumentation beider Seiten ist im Hinblick auf ihre Interessenlage nur zu verständlich; dem Staat ist an einer möglichst abzugsfreien Bezahlung der Steuern gelegen, während die verschiedenen muslimischen Organisationen an einer möglichst reich fließenden "Solidaritätsabgabe" - Zakāt kommen, im Gegensatz zu staatlichen Steuern, in der Regel nur Muslimen zugute -interessiert sind. (Eine andere Frage ist: Wer - abgesehen von den Bettlern auf der Straße - kassiert in der Türkischen Republik die Almosensteuer ein, und an wen werden diese Gelder verteilt?)

Ehe-, Familien- und Erbrecht

1. S. Dirks, Islam et Jeunesse en Turquie d'Aujourd'hui, Lille und Paris 1977, S. 186.
   Zu den Beziehungen zwischen legalen und sozialen Veränderungen in der Türkischen Republik siehe J. Starr, Dispute and Settlement in Rural Turkey. An Ethnography of Law, Leiden 1978, sowie die dort aufgeführten Einzelstudien.

2. Milliyet, 19.2.1983. Dem Blatt zufolge sind die Gründe für eine Umgehung der staatlichen Institutionen und eine lediglich religiöse Zeremonie:
   1) das zu hohe offizielle Mindestalter für die Eheschließung (das dem Wunsch nach Begrenzung des Bevölkerungswachstums entspricht)
   2) die Vielzahl der bei staatlichen Eheschließungen zu erfüllenden Formalitäten
   3) die Komplikationen bei Scheidung einer gesetzlichen Ehe
   4) bei Unfruchtbarkeit der Ehefrau Aufnahme einer Zweit-Frau in den Haushalt
   5) die Nichtanerkennung der staatlichen Erbgesetze, welche Mädchen gleiche Rechte zugestehen.
   Im Juni 1981 wurde dem Bericht zufolge eine Kommission damit beauftragt, eine Gesetzesänderung zur Erleichterung der Scheidung und Verringerung der Heiratsformalitäten zu erarbeiten, da sich "Traditionen und Ansichten der Gesellschaft nicht geändert hätten und ein Großteil der Bevölkerung sich den Gesetzen nicht anpassen wolle".

3. Die islamischen Gebote haben zum Ziel:
   1) Die Glaubenssicherheit der Menschen zu gewährleisten,
   2) ihre Seelen zu retten,
   3) ihr Eigentum zu sichern,
   4) die Sicherheit von Familie und Nachkommenschaft zu gewährleisten,
   5) die Zerstörung geistiger Werte und Fähigkeiten zu verhindern.
   (vgl. Kerimoğlu, Fikhî Meseleler Bd. I, S. 14; Akaltun, 1099 fetva, Bd. II, S. 50)

4. "Stimmt es, daß jemand, der mit einer Zigeunerin Geschlechtsverkehr hat, sich auch durch noch so viele rituelle Waschungen nicht reinigen kann?"
   Die Frage provoziert eine strenge Ermahnung, sich doch von solchem Aberglauben nicht anstecken zu lassen (s.auch S. 80!). Zigeuner seien zwar eine eigene Rasse, aber doch immer noch Gottes Kinder. - Emre, S. 243:
   "Ein muslimischer Mann kann eine Zigeunerin heiraten. Die rassische Verschiedenheit stellt kein Hindernis dar. Wenn vom Gesichtspunkt des Glaubens kein Mangel besteht, gibt es hinsichtlich ihrer Verheiratung keinerlei Einwände."

5. "Wenn ein Mädchen einen frommen, rechtschaffenen Mann heiraten möchte, dürfen die Eltern dies verhindern, um sie einem zu geben, der keinen religiösen Lebenswandel führt?"
   Antwort: Ein Mädchen, das ins Heiratsalter gekommen ist, darf nicht gegen ihren Willen zur Ehe gezwungen werden. Bei einer Jungfrau gilt Schweigen als Zustimmung, eine Witwe muß ausdrücklich einwilligen (vgl. hierzu den Buhari-Ḥadīṯ bei Akaltun, Bd. I, S. 230). -

Mecelle, Madde 53:
"Sei sie nun Witwe oder Ledige, freie Frauen kann niemand gewaltsam zur Ehe zwingen. Es ist Bedingung, ihre Erlaubnis und ihr Einverständnis einzuholen." (zit. nach: Akaltun, Bd. II, S. 194)

6. Zur ersten Frage: Es gibt mehrere Traditionen, nach denen das vorherige Betrachten der Braut (im Beisein Dritter) erlaubt oder sogar empfohlen wird. -
Akaltun, Bd. I, S. 236:
"Unser Glaube hat gestattet, daß Gesicht und Hände des Mädchens, mit dem man sich zu verloben gedenkt, angesehen werden ... Aber wie die Juden und Nichtmuslime vor der Hochzeit mit diesem Mädchen spazieren zu gehen und Freundschaft zu schließen, ist entschieden verboten." -
Zum zweiten Problem:
Q. "Es gibt Leute, die behaupten, weil ich meine Hochzeit mit Musik (davul ve çalgı) gefeiert habe, begehe ich nun zeitlebens Unzucht."
R. Diese Form der Hochzeitsfeierlichkeiten sei eine weitverbreitete Sünde, noch dazu eine Neuerung (bid'at). Das bedeute nun aber keinesfalls "lebenslängliche Unzucht", denn die Ehe sei ja gültig. -
Emre, S. 151 f.:
"Einladungen zu Hochzeiten, die mit Getränken und Musik gefeiert werden, zu folgen, ist nicht erforderlich, weil dies mit islamischen Prinzipien unvereinbar ist."
Fetwa des Ebû Suʿûd:
"Frage: Wenn bei der Hochzeit von Zeyd und Hind die Schellentrommel geschlagen wird, ist die erwähnte Heirat scheriatrechtlich noch gültig?
Antwort: Solches Tun ist verboten." (zit. nach: Ecer, "Fetva kitaplarin önemi", S. 404)
Zur dritten Frage: Der Brautschmaus unterliegt keinen festen Bestimmungen des islamischen Rechts; er ist aber Sunna.

7. Aus einer Fetwa des Feyzullah Efendi (18. Jh.):
"Eine Ehe auf Zeit ist nicht gültig." (zit. nach: Emre, S. 91; vgl. Akaltun, Bd. II, S. 211)
In der Diskussion um die Zeitehe ist besonders häufig das Argument anzutreffen, die jungen Muslime seien, vor allem in nichtmuslimischen Ländern und unter den modernen Lebensverhältnissen (Koedukation, lange Ausbildung, gemeinsame Arbeitsplätze von Frauen und Männern etc.) weit größeren Versuchungen ausgesetzt als in der traditionellen islamischen Gesellschaft. Dem wird entgegengesetzt, daß die "unislamischen", aus dem Westen importierten Sitten die Ursache für moralische Anfechtungen seien und man dem entgegensteuern solle (etwa durch Schleiergebot für Frauen in der Öffentlichkeit o.ä.).
Zu diesem Problem siehe W. Ende, "Ehe auf Zeit (mut'a) in der innerislamischen Diskussion der Gegenwart", Welt des Islam 1-2.XX.1980.

8. Aus der Sammlung "Neticet ül-fetâvâ" (Ende 18./Beg. 19. Jh.):
"Zeyd und Zeyneb, die von einer Frau in großem Abstand voneinander gestillt worden sind, sind einander nicht erlaubt." (zit. nach: Akaltun, Bd. II, S. 208) -
Emre, S. 242:
"Sei es die mit Ihnen gemeinsam gestillte Tochter, seien es die bevor oder nachdem Sie gestillt wurden geborenen, sie alle sind Ihre Geschwister."

9. Das bedingte Aussprechen des Ṭalāq erfolgt oft aus nichtigen Gründen. Der Ehemann kann durch die drohende Trennung sich selbst oder seine Frau zu etwas zwingen oder von etwas abhalten. Die Ehe ist bei Nichterfüllung dieser Bedingungen sofort aufgelöst (vgl. J. Schacht, Art. "Ṭalāḳ", EI 1. Aufl. IV, 688-93).

10. Da auch dies einen seit altersher diskutierten Problemfall darstellt, wird die Frau von Kerimoğlu auf die "Rechtslage" - d.h. die unterschiedlichen Lehrmeinungen hierzu - aufmerksam gemacht; er rät ihr, der eigenen Rechtsschule zu folgen. -
Aus einer Fetwa des Abdurrahim Efendi (Ende 17. Jh.):
"Die Scheidung und die Zahl der Verstoßungen eines vom Weine Trunkenen gilt als stattgefunden."
Oruç, S. 90, Sual 192:
"Wenn er nichts trinken gewollt hat und (andere) ihn gewaltsam betrunken gemacht haben, gilt seine (sc. von ihm ausgesprochene) Verstoßung als nicht stattgefunden."
ibd., Sual 188:
"Wenn einer im betrunkenen Zustand seine Frau verstößt, ist die Scheidung dann gültig?
- Ja. Und seine Frau ist geschieden."

12. Dies offenbar eine Euphemisierung des für solche Fälle vorgesehenen "Tecdíd-i imân".

13. Diese Einstellung beobachtet Lady Montagu 1718 als allgemeines Phänomen:
"... hierzulande ist der Ehestand ohne Fruchtbarkeit verächtlicher als bei uns die Fruchtbarkeit vor der Heirat."
"Man betrachtet jede Frau, die unverheiratet stirbt, als im Stande der Verworfenheit. Zur Bestätigung dieses Glaubens schließen sie so: Der Zweck der Schöpfung des Weibes sei, die Vermehrung zu fördern, und nur dann handle es seiner eigentlichen Berufung gemäß, wenn es Kinder gebäre oder aufzöge ... Diese Art von Theologie ist von jener sehr verschieden, die da lehrt, es sei dem lieben Gott nichts angenehmer als das Gelübde ewiger Keuschheit." (Lady Mary Montagu, Briefe aus dem Orient. Bearbeitet von I. Bühler nach der Ausgabe von 1784, Frankfurt a.M. 1982, S. 155, 169 f.)

14. Die "Siebenjahres-Grenze" hat sich auch auf anderen Gebieten durchgesetzt: Bei Einladungen zu Frauen-Veranstaltungen von Millî Görüş heißt es gewöhnlich, es werde "gebeten, keine männlichen Kinder über 7 Jahren mitzubringen". (Millî Gazete, passim)

15. "L'affirmation que des désaccords entre les jeunes interrogés et leurs parents sont pratiquement inexistants ... pourrait indiquer une soumission aux volontés des parents que les psychologues qualifient parfois d'anormale, puisqu'elle s'oppose à l'autodéfense la plus élémentaire chez l'enfant ... Nous pourrions donc supposer qu'il s'agisse d'une charactéristique du comportement familial des Turcs dû principalement à l'enseignement de l'Islam." (Dirks, Islam et Jeunesse, S. 342)

16. Eine alte Frau, die alle Hoffnungen auf ein Heiratsangebot aufgegeben hat, darf einen Mann grüßen; aber auf äußerste verwerflich (tahrimen mekruh) ist es, wenn ein Mädchen einen Mann grüßt - selbst wenn er ihr Lehrer ist -, weil das die geschlechtlichen Beziehungen aufwertet und zu Verbotenem reizt. -
Emre, S. 306:
"Wegen der Möglichkeit, Gerüchten und Unsittlichkeit Auftrieb zu geben, wird es nicht als richtig angesehen, daß fremde Männer und Frauen einander grüßen."

17. Als Beispiel hierfür wird das Erbrecht angeführt: Der Mann erhalte zwar das Doppelte dessen, was der Frau zusteht, er habe aber meist für eine Familie zu sorgen, während der Lebensunterhalt der Frau durch den Ehemann garantiert werde.
Diese Argumentation illustriert die muslimische Interpretation der Begriffe "Gleichheit" und "Gerechtigkeit": Jedem Menschen das zuzugestehen, worauf er entsprechend seinem Rang und seiner Rolle in der gottgewollten Ordnung der Dinge ein Anrecht hat; - eine vom "humanistischen" Grundsatz, wonach für jeden Menschen als solchen ("ohne Ansehen der Person") Gleichheit vor dem Gesetz gefordert wird, grundverschiedene Einstellung.

18. Nebenbei erfolgt wieder ein Hinweis auf die unterschiedliche "Beschaffenheit" (fıtrî yapısı) und die daraus resultierenden verschiedenen Aufgaben der Geschlechter, diesmal bezogen auf "gottlose Gesellschaften":
"In Gesellschaften, die nicht nach den von Gott herabgesandten Geboten entscheiden, sich nicht in die Grenzen zwischen Erlaubtem und Verbotenem einfügen ... sind die Gläubigen mit dem Ğihād, der Pflicht des Einzelnen ist, beschäftigt. Die Frauen können sich damit beschäftigen, ihrem eigenen Geschlecht das Gute zu gebieten (emr-i bi'l ma'ruf) und (die Frauen) zu Islam einzuladen." (07/09)

19. Oruç, S. 87:
"Wer eine Medizin schluckt, ein Kind zu verlieren, ist ein Mörder."
Emre, S. 198:
"Wenn kein gesundheitlicher Grund eine solche Maßnahme erfordert, ist es nicht erlaubt, diese zu ergreifen. Die Befürchtung, das Kind nicht ernähren zu können, darf hierzu keine Begründung abgeben. Gott, der schon vor der Geburt des Kindes dafür Sorge trägt, daß Milch zu seiner Ernährung hervorgebracht wird, sorgt auch nach seiner Geburt für seinen Lebensunterhalt."

20. "Das Vertrauen in Allah zu verlieren ist Unglaube." (Isik, Tam İlmihâl, S. 355)

21. Einzelheiten über Bevölkerungsplanung in der Türkischen Republik bei Oehring, "Strafrechtlicher Bevölkerungsschutz".

22. Bugün, 6.8.1970, abgedruckt in: Akaltun, Bd. I, S. 259 f.

23. Man könnte zwar ins Feld führen, daß türkische Gerichte Sachverhalte, die aus der Zeit von vor 1926 stammen, gemäß Art. 16 und 17 ZGB unter Anwendung osmanisch-islamischen Rechts zu entscheiden haben (vgl. Krüger, Fetwa und Siyar, S. 50), aber die Zahl solcher Sach-

verhalte kann wohl kaum eine generelle Anwendung des islamischen Rechts, auf der in den vorliegenden Fällen bestanden wird, rechtfertigen.

Strafrecht

1. Ausnahmen: bei Waren, die nach islamischem Recht keinen Preis haben (z.B. Wein) oder im Dār al-Ḥarb. ("Im Dār al-Ḥarb fällt derjenige, welcher den Besitz eines Ḥarbi nimmt, nicht unter das Verdikt 'Dieb' auch wenn dieses Gut gesichert wurde. Denn in dieser Gesellschaft ist der Schutz des Eigentums nicht gewährleistet." ibd.)

2. Die Ġurra ist ein Sonderfall des Blutgelds; sie wird für Verursachung der Frühgeburt eines toten Kindes durch die Verletzung einer Schwangeren gezahlt (vgl. Bergsträsser, Grundzüge, S. 106).

3. Die Qasāma ist ein altertümliches Schwurverfahren, mit dem die Einwohner der Mahalle bzw. des Dorfes, in dem ein sichtlich Ermordeter aufgefunden wird, 50 Eide schwören, daß sie ihn nicht getötet haben und den Mörder nicht kennen. Dadurch sind sie von der Talio befreit, müssen aber das Blutgeld zahlen. Forderungsberechtigt sind die nächsten Anverwandten (ibd., S. 104 f.)

4. Qiṣāṣ: Wiedervergeltung (Talio) a) bei vorsätzlicher, widerrechtlicher Tötung, b) bei vorsätzlicher und widerrechtlicher Körperverletzung. Verzichtet der Berechtigte auf die Wiedervergeltung, kann er Schadensersatz verlangen: a) Blutpreis (dīya), der den nächsten Verwandten zusteht, b) Entschädigung an den Verletzten selbst (vgl. J. Schacht, Art. "Ḳiṣāṣ", EI 1. Aufl., II,1115-8).

5. "Im Dār al-Islām hingegen unterliegt die Talio den Bestimmungen des Staatsoberhaupts und ist Aufgabe des Staates." -
Vgl. aber Bergsträsser, Grundzüge, S. 98:
"Es gibt keinen öffentlichen Strafvollzug selbst bei der Talio, nur einen Schutz der privaten Rache (zugleich einen Schutz gegen Überschreitung ihrer gesetzlichen Grenzen)."

6. Fetwa des Ebû Suʿûd:
"Frage: Wenn Zeyd in das Haus der Hind eindringt und sich ihrer gewaltsam bemächtigen will, Hind den Zeyd, weil sie ihn nicht auf anderem Wege abwehren kann, mit der Axt schlägt und verwundet und Zeyd an dieser Wunde stirbt, was hat dann mit Hind zu geschehen?
Antwort: Sie hat einen Glaubenskampf geführt." (zit. nach: Düzdağ, S. 158, Mes'ele 781)

7. Fetwa des Çatalcalı Ali Efendi (17. Jh.):
"Wenn Zeyd zu seiner Schwester 'Hure' sagt, verlangt das Züchtigung und Bestrafung wegen falscher Beschuldigung." (zit. nach: Akaltun, Bd. I, S. 188)
Fetwa des Abdurrahim Efendi:
"Wenn Zeyd zur Hind sagt, 'he du Dirne, he du Hure', so wird er dafür, daß er Dirne gesagt hat, gezüchtigt, und dafür, daß er Hure gesagt hat, der gesetzlichen Strafe für fälschliche Beschuldigung der Unzucht zugeführt." (zit. nach: Benzing, Islamische Rechtsgutachten, S. 17 f.)

Wirtschaft

1. Snouck Hurgronje, Verspreide Geschriften II, S. 422.

2. Scarcia Amoretti, "Modernismo Islamico", S. 34.

3. Die Türkei gilt, gemessen an den Vorschriften des islamischen Rechts, als Dār al-Ḥarb (s.u. S. 86 ff.).
Oruç, S. 24:
"Es ist erlaubt, daß ein Gläubiger bei einer Bank im Dār al-Ḥarb, die nur von Ungläubigen Zinsen nimmt, Geld hinterlegt und die Zinsen, die er dafür von der Bank bekommt, nach seinen Bedürfnissen ausgibt."

4. Auch auf diesem Gebiet gibt es eine Gruppe, welche sich zur Durchsetzung ganz entgegengesetzter Interessen einer "Gegenfetwa" bedient hat (in welcher allerdings der Begriff "Zinsen" sorgfältig vermieden wurde):

"Religionsgesetzliche Rechtfertigung für Nutzanteile von Spareinlagen

Zur Beruhigung des Sinnes der werten Mitbürger hinsichtlich der Rechtmäßigkeit von Nutzanteilen von Spareinlagen wird nachstehend das klare Rechtsgutachten und die abschließende Meinungsäußerung Sr. Eminenz des seligen Hadschi Husain Burūdjirdī (Allahs Wohlgefallen über ihn) abgedruckt: ...
Quaestio: Jemand bringt einen Geldbetrag zur Bank. Wenn er nach einiger Zeit hingeht und sein Geld zurückholt, macht die Bank eine Abrechnung über sein Geld und gibt ihm beispielsweise 3 Schahi je Tuman als Vergütung. Wie steht es mit der Annahme dieses Geldes?
Responsum. Da die Bedingung eines Gewinns mit der Bank nicht besteht und die Bank die Vergütung von sich aus gibt, so ist die Annahme nichts Verbotenes.
Anmerkung: Das Rechtsgutachten des seligen Āyatullah Burūdjirdī (Allahs Erbarmen über ihn) betreffend die Rechtmäßigkeit einer Belohnung für Spareinlagen, und ebenso der offizielle Beleg des genannten Rechtsgutachtens stehen Interessenten im Büro der Nationalen Sparkasse zur Verfügung.
Iranische Nationalbank
Nationale Sparkasse"
(zit. nach: Benzing, Islamische Rechtsgutachten, S. 6 f.)

5. "Bizim böyle bir durumumuz olmadığı için ..." Worauf sich "durum" bezieht, wird nicht klar.
Bei dem erwähnten Koranvers handelt es sich übrigens um Sure 4,59.

6. Emre, S. 238:
"Die Gewinnspanne im Handel ist folgendermaßen. Bei Immobilien gilt es 5%, im Tierhandel 10% und bei anderen Waren 20% nicht zu erreichen Wenn die Gewinnspanne soviel beträgt wie bei den aufgeführten Waren jeweils genannten Beträge, wird sie zum Betrug (gabn-ı fahiş), was keinen erlaubten Gewinn darstellt."

7. Zur Umgehung des Wucher- und Risiko(garar)-Verbots (d.h. über die von den Vertragschließenden übernommenen Verpflichtungen, sowie Art

der Ware, Menge und Liefertermin darf keine Unklarheit bestehen) dient der Terminkauf (salam, selem akdi). Dies ist der Verkauf von etwas Gestundetem gegen etwas sofort Fälliges (sofortige Zahlung des Kaufpreises, Lieferung der Ware später). Der Verkäufer treibt also Handel mit dem Kapital (zu dieser Form des Kaufs siehe Th. W. Juynboll, "Salaf", EI 1. Aufl., IV,95).

8. "İhtikâr, karaborsa ve gabn-ı fahiş (aldatma) ile meşgul olan insanlar, ihtisap ağaları ve muhtesipler tarafından anıdan cezalandırır." (16/11)

9. Aus dem Haschisch- und Heroinverkauf ins nichtmuslimische Ausland erzielter Gewinn ist also nicht verboten.

10. Vorwurf des Sirk!

11. Auskunft des Diyanet İşleri Müşavere Kurulu am 8.3.1965: "Auf Almosen haben ausschließlich die Armen Anspruch, und Einkommens- bzw. Lohnsteuer kann nicht als Almosen angerechnet werden."

12. Einzelheiten des islamischen Mietrechts bei Bergsträsser, Grundzüge, S. 72 ff.

13. "Eines der Fundamente des ganzen Fiqh, die rechtlichen Teile mit den kultischen verzahnend, ist die Nija (Absicht). Der Begriff ist kultischen Ursprungs und bezeichnet die Gesinnung; nicht die Erfüllung der äußeren Formen als solche genügt der religiösen Pflicht, sondern nur, wenn sie in frommer Gesinnung geschieht." (ibd., S. 24)

14. Auf die Vielzahl der Fragen einzugehen, die sich auf spezifisch islamische Formen der Erwerbs-, Produktions- oder Handelsgesellschaften und auf den Gemeinschaftsbesitz beziehen, würde hier zu weit führen.
Die Muḍaraba ist insofern von besonderer Bedeutung für unser Thema, als sie seit einigen Jahren von verschiedenen muslimischen Organisationen als Alternative zum auf Zinsen basierenden westlichen Banken- und Kreditsystem gesehen wird ("Islamic Banking"). Für das Jahr 1983 hatte das Dār al-Māl al-Islāmī die Eröffnung zinsloser Banken in der Türkischen Republik geplant (Milli Gazete 29/11/1982; Arab News 27/11/1982; The Middle East 89.1982.10-51); drei Filialen sind inzwischen (in Istanbul und Konya) eröffnet. Die saudische Al-Baraka-Bank bereitet ebenfalls eine Niederlassung vor (Hürriyet 17/04/1984) Zur Muḍaraba, ihren Bedingungen und Anwendungsmöglichkeiten im "Islamic Banking" siehe A. Rahman, Banking and Insurance, London 1979, S. 304-365.

15. Vgl. aber die anderslautende Fetwa des Behcet Abdullah Efendi: "... wenn man eine Abmachung über eine Erwerbsgesellschaft zum Druck von Büchern in der Form trifft, daß das Papier und die gebräuchlichen Geräte von Zeyd, die Arbeit von Amr sind und der Ertrag unter ihnen geteilt wird, ist dies nichtig." (zit. nach: Benzing, Islamische Rechtsgutachten, S. 25; vgl. auch die übrigen dort abgedruckten Fetwas ähnlichen Inhalts).

Speise- und Kleidungsvorschriften u.a.

1. Der Koran (Sure 5,90) verbietet zwar lediglich den Genuß von Wein (ḥamr), aber durch Qiyās wurde dieses Verbot auf alle anderen Getränke, welche Alkohol enthalten, ausgedehnt. Die Millî Gazete folgt offensichtlich diesem Urteil, auch wenn im hanafitischen Ritus hierüber keineswegs Einigkeit besteht. (Siehe hierzu A. J. Wensinck, Art. "Khamr", EI 2. Aufl., IV, 994-7.)

2. Vgl. Ecer, "Fetva kitaplarının önemi", S. 403. -

   Emre, S. 22:
   "Die Zusammensetzung des Getränks ist zu untersuchen und bei Enthaltensein von Alkohol ist vom Trinken Abstand zu nehmen.
   Manche Hersteller verwenden weißen Alkohol, um die Vermischung der Limonaden-Essenzen mit Wasser zu gewährleisten, weil die hierzu benötigten Stoffe fehlen oder zu teuer sind."
   Die Millî Gazete verbietet wegen der gefährlichen Nähe zur Rakı-Destillation den Anbau von Anis, wenn man nicht die Gewähr hat, daß dieser zu erlaubten Zwecken verwendet wird. "Wenn es Ihnen nicht möglich ist, Anis an jemand anderen als die 'Tekel'-Verwaltung (staatliches Monopol) in ihrem Bezirk zu verkaufen, ist die Saat nicht erlaubt." (28/08)

3. Emre, S. 312:
   "Auch wenn man selbst nichts trinkt, wird man zur Rechenschaft gezogen, wenn man sich niedersetzt, wo gesündigt wird, und die Trinkenden dort nicht hindert." -
   Der Appell an die Frommen, auf die Moral ihrer Umgebung zu achten und die Sitten (ahlâk) wiederherzustellen, leitet sich offenbar ab aus Sure 3,110: "Ihr (Gläubigen) seid ihr die beste Gemeinschaft, die unter den Menschen entstanden ist. Ihr gebietet, was recht ist, verbietet, was verwerflich ist, und glaubt an Gott."

4. Siehe oben Abschnitt 1.1!

5. Die Antwort wirft ein Schlaglicht auf Spezifika, die das islamische Recht von anderen Rechtsformen wesentlich unterscheidet:

   a) Die Anerkennung eines Urteils hängt nicht so sehr von der Schlüssigkeit der Beweisführung als solcher ab, sondern - im Rahmen des Taqlīd - davon, wer es fällt (Kriterien sind Zugehörigkeit zu einem bestimmten Madhab, Fähigkeit des Iǧtihād etc.).
   b) Das Urteil selbst ist das Ergebnis einer kasuistischen Wertung von Rechtsstoff, d.h. einer ethischen Beurteilung, die ipso facto dem Grundsatz der Allgemeingültigkeit, wie er etwa unser Recht kennzeichnet, entgegensteht. -

   Emre, S. 174: "Die Zigarette ist ein gefährlicher und schädlicher Artikel. Ihr Gebrauch ist äußerst verwerflich und unter Umständen auch verboten. Wer zum Beispiel an Asthma, Lungenentzündung oder ähnlichen Krankheiten leidet, oder ein armer Mann mit vielen Kindern ist, der sein Geld für Zigaretten statt für Brot ausgeben würde, für den ist das Rauchen von Zigaretten verboten."

6. Snouck Hurgronje, Verspreide Geschriften II, 432.

7. K. Kreiser, " '... dan die Türcken leiden khain Menschen Pildnuss'. Über die Praxis des 'Bilderverbots' bei den Osmanen", Fifth Congress of Turkish Art, Budapest 1978, S. 549-556, hier S. 556.
(Der Aufsatz enhält auch einige Beispiele für die Haltung moderner Türken gegenüber Bildern.) -

Die letzten bemerkenswerten Auswirkungen hatte das Bilderverbot in der Türkei 1951, als Mitglieder des radikalen Ticani-Ordens Atatürk-Statuen stürmten.

8. Als Beleg wird meist der Ausspruch des Propheten zitiert: "Häuser, in welchen sich Bilder, Hunde und Verunreinigte befinden, werden von den Engeln der Gnade gemieden", den er geäußert haben soll, als er einmal 'Ā'iša ein Kissen anfertigen sah, das sie mit Abbildungen bestickte.
(Zu Theorie und Praxis des Bilderverbots siehe u.a. R. Paret, "Das islamische Bilderverbot und die Schia", Festschrift W. Kaskel, Leiden 1968, S. 224-232.)

9. Emre, S. 175:
"Unzucht der Augen: Fremde Frauen anschauen."

10. Oruc, S. 150:
"Der wertvollste Charakterzug der Frauen besteht darin, sittsam zu sein und die islamische Verschleierung in vollem Umfange zu berücksichtigen."

11. Von den Militärs wurde Beamten und Angestellten im öffentlichen Dienst, Schülerinnen, Studentinnen usw. das Tragen von Kopftüchern verboten (vgl. Anm. 16)

12. Das "Infame" am Hutgesetz Atatürks (25.11.1925) lag nicht so sehr darin, daß der Fez verboten wurde (dieser war ja bereits eine Neuerung gegenüber dem Turban), sondern darin, daß Muslime gezwungen wurden, das Kennzeichen der Ungläubigen, den Hut, zu tragen. -

"... die Fetwas, welche den Hut betreffen, dürfen wir nicht an heutigen Maßstäben messen. Denn in verschiedenen Epochen war die Kleidung das, was den Muslim vom Ḍimmi (äußerlich) unterschied."
(Ecer, "Fetva kitaplarının önemi", S. 404). -

Diese Gefühlswerte sprachen auch die Parolen der oppositionellen "Fortschrittlichen Republikanischen Volkspartei" Ende der 20er Jahre an:
"Sei auf unserer Seite! Da die Partei Mustafa Kemals das Kalifat beseitigt hat, schlägt sie den Islam in Trümmer; sie werden aus euch Ungläubige ... machen - sie werden euch den Hut tragen lassen!
(zit. nach: Kemal Pascha, Nutuk (dt.), 2 Bde Leipzig 1928, S. 381)

13. Emre, S. 208:
"Das Verbot von Gold für Männer ist in einem Ḥadīt festgeschrieben; es ist ihnen untersagt, sich damit zu schmücken. Für Frauen besteht kein Verbot noch Hindernis."

    ibd., S. 344:
    "Den Männern ist das Tragen goldener Ringe in jedweder Form verboten. Wenn man einen Verlobungsring trägt, hat dieser aus Silber zu sein."

14. Emre, S. 306:
"Sich je nach Lust und Laune einen Bart stehen zu lassen oder es zu unterlassen, ist nicht das Verhalten eines, der den Propheten liebt Dieser Mann soll doch lieber eine Möglichkeit suchen, eine Frau zu heiraten, die ebenso muslimisch ist wie er."

15. Dies geriete hier buchstäblich zum "Streit um den Bart des Propheten"! -

    Fetwa des Ebû Suʿûd:
    "Frage: Darf Zeyd seinen Bart ganz und gar abrasieren?
    Antwort: Nein."
    (zit. nach: Düzdağ, S. 185, Mes'ele 931)

16. Der Hinweis auf die andersgeartete Regelung im Dār al-Ḥarb dürfte dazu beitragen, Zugeständnisse zu legitimieren, zu denen einige Berufsgruppen gezwungen sind:

    "The Turkish government has ordered all male state employees to shave daily and not to grow beard ... The fact that beards were banned and that women were told to keep their heads uncovered appeared to be aimed at stressing Turkey's secularism despite the fact that 98 percent of Turks are Muslims."
    (Saudi Gazette, 19.2.1981)

17. Emre, S. 190:
"In der islamischen Religion sind unter der Bedingung, die Kleidervorschriften genau zu beachten, Sportarten wie Schwimmen, Bogenschießen, Reiten und Ringen erlaubt. Es muß aber unbedingt die Körperzone zwischen Bauchnabel und Knie bedeckt sein ... Die Heimat des Fußballs ist England, von dort breitete er sich auch in anderen Ländern aus. Er ist also keine (türkische) nationale Sportart, sondern wurde importiert."

Oruç, S. 59:
"Wenn das Fußballspielen den Menschen die Zeit stiehlt, einen Grund für das Sitzenbleiben von Schülern darstellt, ... dann wirkt das Spiel sowohl unter materiellen als auch geistigen Gesichtspunkten schädlich." -

"Secondo il concetto musulmano disperdere i beni è un'ingratitudine verso Dio che li ha elargiti ed è indizio d'infermita mentale."
(d'Emilia, Scritti di diritto islamico, S. 160, Anm. 37)

18. Emre, S. 174:
"Frage: Sind Dame- und andere Spiele, die man zu seinem Zeitvertreib spielt, Sünde?
Antwort: Ja, sie sind Sünde ... Daß es bei ihnen nicht um Geld oder Besitz geht, vermindert nicht ihre Bedenklichkeit."

19. Snouck Hurgronje, Verspreide Geschriften II, S. 426 f.

20. Emre, S. 288:
"Die Stimme einer Frau nun aber ist im höchsten Grade verboten."

Philosophie und Wissenschaft

1. Macdonald, Art. "Ilm", EI 1. Aufl., II, 501 f., hier S. 501.

2. Fetwa des Ebû Su'ûd:
"Frage: Würde es von der Scheria gebilligt, wenn Zeyd nicht weiß, was Religion und Glaube ist und welcher Rechtsschule er angehört?
Antwort: Nein, wenn er Religion und Glauben nicht kennt, ist er ein Ungläubiger."
(zit. nach: Düzdağ, S. 112, Mes'ele 490)

3. Solche Appelle scheinen die Absicht zu verfolgen, aus dem Leser einen "wahrhaft Gläubigen" zu machen, wie al-Afghani ihn beschreibt:

"An das Dogma, dessen Sklave er ist, wie ein Ochse an den Pflug gespannt, muß er ewig in derselben ihm von den Auslegern des Gesetzes vorgezeichneten Furche einherschreiten. Dazu noch überzeugt, daß seine Religion alle Moral und alle Wissenschaften in sich enthalte, schließt er sich ihr auf das Entschiedenste an und bemüht sich durchaus nicht, über sie hinauszugehen. Wozu sich in fruchtlosen Anstrengungen erschöpfen; wozu soll es ihm nützen, nach Wahrheit zu forschen, wenn er die Wahrheit ganz zu besitzen glaubt?"
("Kritik des Afghanen Djemmal Eddin", E. Renan, Der Islam und die Wissenschaft, Basel 1883, S. 32-42, hier S. 36;
vgl. auch die englische Übersetzung dieser Stelle bei:
N. Keddie, An Islamic Response to Imperialism. Political and Religious Writings of Sayyid Jamal ad-Din "al-Afghani", Berkeley 1966, S. 87).

4. Fetwa des Sayyid Uṯmān:
"Die vollkommene Vernunft hingegen ist die pneumatische Erleuchtung, welche in das Herz des Gläubigen hineingelegt wird und ihn zum ewigen Heil führt; diese besitzt nur, wer an Gott und seinen Gesandten glaubt. Der Gottesgesandte hat gesagt: 'Der Vernünftige ist derjenige, der an Gott glaubt, seinen Gesandten anerkennt und Gehorsam gegen ihn pflegt'." (zit. nach: Snouck Hurgronje II, S. 437)

5. Mit dem "geistlichen Führer der Christenheit" könnte Johannes XXIII. gemeint sein. Chruschtschow wurde bekanntlich 1964 (14.10.) gestürzt - fast fünf Jahre vor der ersten Mondlandung (21.7.1969). Der Russe Gagarin hatte 1961 als erster Raumpilot die Erde umkreist.

6. Wohl Sure 55,33: "Ihr Dschinn und Menschen (die ihr hier beisammen seid)! Wenn ihr die Regionen des Himmels und der Erde durchstoßen könnt (um euch meinem Zugriff zu entziehen), dann stoßt durch! (Aber) ihr werdet nicht durchstoßen, es sei denn auf Grund einer Vollmacht."
- Akaltun, Bd. I, S. 278:
"Die Behauptung, man könne nicht auf dem Mond fliegen, ist unbegründet. Es ist möglich."

7. "Im gleichen Sinne wie hier, wird unter frommen Muhammedanern immer von den Errungenschaften der modernen Wissenschaften gesprochen. Diese Welt ist das Paradies der Ungläubigen; an der jenseitigen haben sie keinen Anteil." (Snouck Hurgronje II, S. 437, Anm. 3)

8. Verbot der Derwischkongregationen am 2.9.1925. -
"Wißt, daß die Türkei kein Land der Scheichs, der Derwische und der Verzückten sein kann. Der wahre Orden ist der Orden der Zivilisation ... Das Ziel der Derwischklöster ist es, das Volk in Verzückung zu bringen und dumm zu machen. Die Nation ist aber entschlossen, sich nicht in Verzückung bringen zu lassen und zu verdummen." (Aus einer Rede Atatürks, zit. nach: U. Igdemir u.a., Atatürk, hrsg. v. der Türkischen Nationalen Kommission für UNESCO, İstanbul 1963, S. 233)

9. Fetwa des Ebû Su'ud:
"Frage: Wenn Zeyd einige der Scheichs und Sufis fragt, 'warum beschäftigt ihr euch nicht mit Fragen des Gebets und der Almosen?' und sie sagen: 'Wenn man sich mit der Wissenschaft des Verborgenen beschäftigt, erforscht man auch die Wissenschaft des Äußeren', was hat dann mit ihnen zu geschehen?
Antwort: Jene sind Atheisten und Hypokriten, ihr Urteil ist dem eines Apostaten gleich, wenn sie diesem nichtigen Glauben nicht abschwören, müssen sie getötet werden." (zit. nach: Düzdağ, S. 88, Mes'ele 354)
Vgl. auch den Art. "Bāṭiniyya" in EI 2. Aufl., I, 1098-1100 (M.G.S. Hodgson)!

Volksbräuche und Volksglauben

1. Emre, S. 339:
"Innerhalb der Moschee dürfen Hände geschüttelt werden. Aber dies jederzeit zu tun, ist nicht recht, denn es könnte den Händedruck zu einer Gewohnheit machen und die Meinung entstehen lassen, man dürfe ohne diesen die Moschee nicht verlassen."

2. Fetwa des Abdurrahim Efendi:
"Den Frauen, welche an bestimmten Tagen zum Friedhof gehen und gemeinsam Totenklage und Heulen veranstalten, wird dies vom Richter untersagt." (zit. nach: Benzing, Islamische Rechtsgutachten, S. 18)

3. "La naissance d'un enfant n'entraîne pas des festivités particulières. Il est pourtant coutume chez les Turcs comme chez tous les musulmans, de chanter ou de murmurer à l'oreille du nouveau-né l'appel à la prière ezan; c'est le père ou l'oncle ou un autre membre masculin de la famille qui s'en charge généralement." (Dirks, Islam et Jeunesse, S. 186)

4. Ḥusain, zweiter Sohn von ʿAlī und Fāṭima, wurde 680 bei Karbalā getötet, als er nach dem Tode des ersten Omayyaden Muʿāwiya zum Prätendenten für das Kalifat emporgehoben wurde. Um seinen Kompf, der abgetrennt und nach Damaskus gebracht wurde, ranken sich verschiedene Legenden (vgl. L. Vecchia Vaglieri, Art. "(Al)Ḥusayn b. ʿAlī b. Abī Ṭālib", EI 2. Aufl., III,607615)
Öruç, S. 59:
"Frage: Bedeutet Fußball spielen, mit dem Kopf unseres verehrten Ḥusain zu spielen?
Antwort: Nein, die Behauptung, das heutige Fußballspiel stamme von dieser Geschichte, ist wissenschaftlich nicht begründet."

5. Nach der islamischen Legende begann Abraham sofort nach seiner Geburt den Glaubenskrieg gegen König Nimrūd zu führen. Von den Götzendienern wurde er in einen Kalkofen geworfen. (Zur Bedeutung Abrahams im Koran siehe C. Snouck Hurgronje, "Het Mekkaansche Feest", Verspreide Geschriften I, S. 1-24; bes.22-29!)
Emre, S. 161:
"Frage: Wen nennt man nach Ihrer Ansicht einen Zigeuner; sind die Zigeuner Muslime? Im Volk geht (nämlich) das Gerücht um, 'diese müssen zuallererst Ungläubige werden, dann werden sie Muslime', ist das richtig? Ist die Ehe mit einer Zigeunerin gestattet?
Antwort: Die Zigeuner sind eine der auf der Erde lebenden Rassen. Jeder, der die Šahāda ausspricht, ist ein Muslim. Die Behauptung, die im Volke umgeht, ist sehr häßlich und falsch."

6. Emre, S. 195:
"In unserer Religion ist Magie verboten. Es bestehen aber keine Bedenken, wenn ein Zauber in der Hoffnung auf Heilung eines Kranken gesprochen wird."

7. Zum Tragen von Amuletten und deren Bedeutung siehe u.a.: Jäschke, "Islam in der neuen Türkei", S. 56 f.; Hartmann, Religion des Islam, S. 133136; M. Horten, Die Religiöse Gedankenwelt des Volkes im Heutigen Islam, 2 Bde. Halle 191718, S. 77119; B. Stern, Medizin, Aberglauben und Geschlechtsleben in der Türkei, Berlin 1903, Register s.v. "Amulete" (sic)!

8. Hartmann, Religion des Islam, S. 139.

Beziehungen zu Nichtmuslimen, Staatsrecht

1. Siehe zu diesem Problemkreis A. Fattal, Le statut légal des Non-Musulmans en Pays d'Islam, Beirut 1958; K. Binswanger, Untersuchungen zum Status der Nichtmuslime im Osmanischen Reich des 16. Jahrhunderts München 1977; Bat Ye'or, Le Dhimmi. Profil de l'opprimé en Orient et en Afrique du nord depuis la conquête arabe, Paris 1980 (hervorragender Quellenanhang!).

2. Zum Begriff des Ḥarbī siehe W. Heffening, Das islamische Fremdenrecht bis zu den islamisch-fränkischen Staatsverträgen, Hannover 1925; Krüger, Fetwa und Siyar, S. 186. Das Thema "Dār al-Ḥarb" wird ausführlicher im nächsten Abschnitt behandelt.

3. "Die Juden sollen den Salām-Gruß Muhammad gegenüber gelegentlich zu al-sām alaikum, 'den Tod über Euch' entstellt haben, worauf der Prophet mit wa alaikum, 'desgleichen', antwortete. (C. van Arendonk, Art. "Salām", EI 1. Aufl., IV,96-98, hier S. 97) -
Oruç, S. 68:
"Es wurde offenbart: 'Wenn Euch die Juden grüßen, sagen sie 'den Tod über euch' (Essâmü aleyküm); sagt dann auch ihr 'desgleichen' (ve aleyküm)'.
In einem Ḥadīt heißt es auch: 'Sagt: Auch über euch komme Tod und Fluch (veya ve aleyküm-üssâmu velâ'netü)'."

4. Siehe oben S. 52. -
"In Afyon, the center of the poppy-growing area, National Salvation party spokesmen attacked the prohibition of poppy-growing, which they attributed to considerations of foreign policy, and promised to restore the industry and erect factories for producing opium, to be sold in Europe at good prices." (Landau, "National Salvation Party", S. 15)

5. Vgl. auch Işık, Tam İlmihâl, S. 26 f.; sowie Index s.v. "kâfir"!

6. Welche Konsequenzen aus dem Vorwurf der Schriftverfälschung gezogen werden, verdeutlicht ein Rechtsgutachten der "Fıkıh köşesi" aus dem folgenden Jahr.
Quaestio. "Ein deutscher Protestant aus unserer Fabrik sagte: 'Ihr Mohammedaner sagt doch, daß das Evangelium ein Buch ist, das Jesus von Allah herabgesandt wurde. Aber im Gebetsritual rezitiert ihr nur den Koran. Wenn ihr die Behauptung, Jesus habe das Evangelium von Allah erhalten, aufrichtig meint, dann verlest es doch mal beim Gebet!'
Wir konnten ihm darauf keine überzeugende Antwort geben."
Responsum. "Es ist bekannt, daß die Christen das Evangelium verfälscht haben. Im Grunde verheimlichen sie das selber nicht. Wenn sie dennoch sagen: Im Evangelium gibt es dieses oder jenes Gebot, erkennen wir das nicht an, zeihen sie aber auch nicht der Lüge. Denn wir beachten des Propheten Befehl: Was die Leute der Schrift auch sagen, nehmt es weder an, noch stellt es richtig! Offensichtlich kann alles was sie sagen, Verdrehung sein ..." (D.h. Vorsicht vor Diskussionen!)
"Nach Abu Hanifa darf aus einem von Gott herabgesandten Buch - also Pentateuch (tevrat), Evangelium (incil) oder Psalter (zebur) - nur

dann etwas verlesen werden, wenn feststeht, daß überhaupt nichts daran verändert wurde. Wenn man das nicht ganz genau weiß, ist es nicht erlaubt ... Fragen Sie diesen Protestanten, ob er das Barnabas-Evangelium und die dort vorausgesagte Ankunft des Propheten kennt. Allah möge ihn zum rechten Glauben führen (Allah hidayet versin)."
(03/12/1982) -
Zum Barnabas-Evangelium siehe L. Cirillo und M. Frémaux, Evangile de Barnabé, Paris 1977 (hier wird der Nachweis geführt, daß es sich dabei um eine Fälschung des 17. Jahrhunderts handelt).
Die Verfälschung der Offenbarung durch Christen und Juden wird in Sure 2,70; 3,64; 5,15 und 6,91 behauptet. -
"Inderdaad, voor profeet der Joden, voor messias was Mohammed niet in die wieg gelegd, daartoe waren hunne nationale overleveringen hem te vreemd. En bovendien, hij was nu eenmaal opgetreden minder met de pretentie van vervulling der beloften, ... dan als prediker van het monotheisme van Israels profeten. Dit laatste was voor de Joden niets nieuws en er schoot dus voor Mohammed niets over dan Jood te worden of den Islâm van het Jodendom los te maken ...
Welnu: alle Joodsche gebruiken, die niet door Mohammeds god waren overgenomen, werden als latere inskruipselen of den Joden tot straf voor hunne weerbarstigkeid opgelegde lasten veroordeeld ..." (Snouck Hurgronje I, 26)

7. Lk 1,13-16: "Der Engel aber sagte zu ihm: Fürchte dich nicht, Zacharias! Dein Gebet ist erhört worden. Deine Frau Elisabeth wird dir einen Sohn gebären, dem sollst du den Namen Johannes geben. Große Freude wird dich erfüllen, und auch viele andere werden sich über seine Geburt freuen. Denn er wird groß sein vor dem Herrn. Wein und andere berauschende Getränke wird er nicht trinken, und schon im Mutterleib wird er vom Heiligen Geist erfüllt sein."
Mt 26,26-29: "Während des Mahls nahm Jesus das Brot und sprach den Lobpreis; dann brach er das Brot, reichte es seinen Jüngern und sagte: Nehmt und eßt; das ist mein Leib. Dann nahm er den Kelch, sprach das Dankgebet und reichte ihn den Jüngern mit den Worten: Trinkt alle daraus; das ist mein Blut, das Blut des Bundes, das für viele vergossen wird zur Vergebung der Sünden. Ich sage euch: Von jetzt an werde ich nicht mehr von der Frucht des Weinstocks trinken, bis zu dem Tag, an dem ich mit euch von neuem davon trinke im Reich meines Vaters." (zit. nach der Ökumenischen Übersetzung, Freiburg 1980)

8. Der Glaubenskrieg ist nach der islamischen Pflichtenlehre eine Verpflichtung, die als erfüllt gilt, wenn ihr eine genügende Anzahl von Muslimen nachkommt (siehe hierzu Heffening, Islamisches Fremdenrecht § 4, S. 15).

9. Zum islamischen Staats- und Völkerrecht statt aller: Krüger, Fetwa und Siyar, bes. S. 89-155; Heffening, Islamisches Fremdenrecht; M. Khaddouri, War and Peace in the Law of Islam, Baltimore 3. Aufl. 1962; A. Abel, Art. "Dār al-Ḥarb" und "Dār al-Islām", EI 2. Aufl., II, S. 126 und 127. -
"... bir beldenin Daru'l Islâm olabilmesi için ahkâmın uygulanması şarttır. İslâm hukuku hayata hakim değilse o belde daru'l harp olarak zikredilir." (17/10)

10. Krüger, Fetwa und Siyar, S. 110

11. Nach einer Fetwa des 19. Jahrhunderts kann früheres islamisches Gebiet, das nun unter nichtmuslimischer Herrschaft steht, unter zwei Voraussetzungen weiterhin als Dār al-Islām betrachtet werden:
1) Die Muslime können ihre Rechtsstreitigkeiten weiterhin nach der Scheria austragen,
2) die Ausübung der Religion, besonders des Freitagsgebets, ist erlaubt (vgl. ibd., S. 91).
Für die Türkei gilt die erste Bedingung offensichtlich nicht, daher ist sie in jedem Falle als Dār al-Ḥarb anzusehen.

12. "There have also been complaints against the existence and activities of the Presidency of Religious Affairs. It is asked why certain muftis and imams are appointed, inspected, and paid by the state, which is secular." (Reed, Revival, S. 278)

Das Weltbild der "Fıkıh Köşesi"

1. F. Büttner, Reform und Revolution in der Islamischen Welt, München 1971, S. 50.

2. Aus einer Fetwa des Sayyid Ḥuseyn al-Ǧisr (19.Jh.):
"Dies alles möge sich der gläubige Leser überlegen und dabei die bekannte Tradition nicht aus dem Auge verlieren: 'Die schlimmsten Sachen sind die neu erdachten; jedes neu Erdachte ist Ketzerei; jede Ketzerei ist Irrtum und jeder Irrtum gehört ins höllische Feuer'." (zit. nach: Snouck Hurgronje II, S. 447)

3. Daß die demokratische Meinungs- und Gedankenfreiheit der anderen als Ideologie abqualifiziert wird, während sie doch gerade ausgenutzt wird, um die eigene Meinung zu verkünden, stellt aus islamischer Sicht keinen Widerspruch dar. -
"Die Bundesrepublik wird von den Islamisten als ein Land angesehen, in dem sie hoffen, die in der Türkei verbotenen religiösen Aktivitäten ungehindert entwickeln zu können. Sie berufen sich damit auf eine 'Liberalität', gegen die sie gleichzeitig in der Türkei (wie auch in der Bundesrepublik) polemisieren und ankämpfen." (H. Thomä-Venske, Islam und Integration, Hamburg 1981, S. 98)

5. Noch deutlicher fällt die Polemik in den Fıkhî Meseleler Kerimoğlus aus. Um die Stoßrichtung dieser Ansichten sichtbar werden zu lassen, seien hier einige Stellen daraus zitiert:
"Erziehungssysteme, welche auf geistigen Aktivitäten und allgemeiner Kultur basieren, erreichen nichts anderes als die Vermehrung 'wandelnder Enzyklopädien'. Außerdem zerstört die heidnische Erziehung die Sicherheit des Verstandes mit nutzlosem Wissen und verdirbt das Herz ...
Man muß sich dessen bewußt sein: Menschen, die islamische Wissenschaften studieren, ohne nach dem Gelernten zu handeln, kommen über das Stadium eines Orientalisten nicht hinaus. Diejenigen, die den Islam für zeitgebundene Erklärungen halten, und ihr Leben von Götzen gestalten lassen, sind Ungläubige. Es ist einem Menschen nicht möglich, gleichzeitig an die göttlichen Gebote zu glauben und die Gesetze der Götzen zu befolgen." (Bd. II, S. 14 f.) -
"In den demokratischen, laizistischen Gesellschaften gelten die per-

sönlichen Überzeugungen der Menschen als Maßstab. Wenn in einer Gesellschaft Personen der gleichen Überzeugung sich vereinen und eine Mehrheit bilden, wird ihnen das Führungsrecht zugestanden. Deswegen haben wohl Gehirnwäsche und Propaganda erschreckende Ausmaße erreicht. Die laizistische Erziehung leugnete, indem sie die Erkenntnisquellen auf Sinnesorgane und Verstandestätigkeit begrenzte, jede den Menschen überschreitende Wahrheit (Offenbarung oder Dogma) ... Die Krankheit, auch in religiöser Hinsicht persönliche Ansichten bekanntzugeben ... kann eine Konsequenz demokratisch-laizistischer Erziehung sein. Wohingegen man doch begreifen muß, daß der Glaube keine Ideologie ist. Wenn Allah und sein Gesandter etwas befehlen, haben die gläubigen Männer und Frauen 'Amen' dazu zu sagen.
In dieser Hinsicht auch unsere eigene Meinung zu äußern, ist eine Methode des Satans ... Wir wollen nicht vergessen, daß jede der Ideologien eine teuflische Schlinge darstellt. Als einzig (wahre) Religion gilt bei Gott der Islam." (Bd. II, S. 19 f.)

Abschließende Bemerkungen

1. M. Weber, Wirtschaftsgeschichte, Berlin 1959, S. 310.

2. A. Hottinger, "Identitätskrise der Türkei", Europa-Archiv 2.35.1980. 41-48, hier S. 41.

3. Wegweisende Studien hierzu: A.P. Stirling, Turkish Village, London 1965; Ders., "Cause, Knowledge and Change. Turkish Village Revisited", Choice and Change. Essays in Honor of Lucy Mair, London 1974, S. 191-229.

4. J. Hinderink und M.B. Kiray, Social Stratification as an Obstacle to Development, New York, Washington und London 1970.

5. ibd., S. 205.

6. ibd., S. 206.

7. Vgl. den Abschnitt "Bilder", S.59, sowie die "Fıkıh köşesi" (11/02): "... die Ulema haben Erinnerungsphotos erlaubt. Es ist das Beste, sie nicht an die Wand zu hängen; möglich ist es, sie irgendwo - etwa in einem Photoalbum - aufzubewahren."

BIBLIOGRAPHIE

(Enthält nur Werke, die in der Arbeit direkt verwertet wurden. Allgemeine orientalistische sowie weiterführende Literatur ist den Anmerkungen zu entnehmen.)

FETWASAMMLUNGEN:

Akaltun, N.: İslâm fıkhı ve hukukuna ait 1099 fetva, Istanbul 1974-6 (Bd. I: 1099 fetva; Bd. II: 1392 fetva; Bd. III: 1071 fetva)

Düzdağ, E.M.: Şeyhülislâm Ebussuûd Efendi Fetvaları ışığında 16. asır Türk hayatı, İstanbul 1972 (enthält auf S. 33-202 Fetwas von Ebû Su'ûd)

Emre, M.: Açıklamalı fetvâlar. Sorular - Cevaplar, Istanbul 1979 (enthält auf S. 7-143 Fewas von Ali Efendi, Abdurrahim Efendi, Ibn Nuğaym, Behcet Abdullah Efendi und aus dem "Neticet ül-fetâvâ")

Horster, P.: Zur Anwendung des islamischen Rechts im 16. Jahrhundert, Stuttgart 1935 (enthält auf S. 23-101 Fetwas von Ebû Su'ûd)

Kerimoğlu, Y.: Fıkhî Meseleler, 3 Bde. Ankara 1983 (3. Aufl.)

Oruç, M.: Kürsiden Fetvâlar. Dinî, Ahlâkî, Edebî, Malî, Bedenî ve İbâdetle İlgili (409) Suâl ve Cevapları, Istanbul 1971

Selle, F.: Prozeßrecht des 16. Jahrhunderts im Osmanischen Reich, Wiesbaden 1962 (enthält auf S. 15-111 Fetwas von Ebû Su'ûd)

ALLGEMEINE LITERATUR:

Albayrak, S.: Şeriât'ten Lâiklige. Türkiye'de İslâmcılık - Batıcılık Mücâdelesi, İstanbul 1977

Arslanpay, N.: Diyanet İşleri Başkanlığı (1924-1973). Kuruluşu, Çalışması, ve Birimlerinin Tanıtılması, Ankara 1973

Becker, C.H.: Islamstudien, 2 Bde. Leipzig 1924-32

Benzing, J.:Islamische Rechtsgutachten als volkskundliche Quelle, Mainz und Wiesbaden 1977

Bergsträsser, G.: Grundzüge des islamischen Rechts, J. Schacht ed., Berlin und Leipzig 1935

Berkes, N.: The Development of Secularism in Turkey, Montreal 1964

Bilmen, Ö.N.: Hukuki İslâmiyye ve ıstılahatı fıkhiyye kamusu, 8 Bde. Istanbul 1970-76 (Neuaufl.)

Binswanger, K.: "Islamischer Fundamentalismus und türkischer Nationalismus", Analysen. Aus der Abteilung Entwicklungsländer-Forschung (Friedrich-Ebert-Stiftung) Nr. 89/90, Februar 1981, S. 23-36

Borak, S.: Atatürk ve Din, Istanbul 1962
(Sammlung von Reden und Aussprüchen Atatürks sowie ausländischen Pressestimmen zu Reformgesetzen Atatürks)

Büttner, F.:Reform und Revolution in der Islamischen Welt, München 1971

Çorumlu, T.: Büyük Türkiyeye doğru. Erbakan olayı (Bâtilin Korktuğu Adam), Istanbul 1974

Dilger, K.: "Rechtsfortbildung durch 'Siyâsa', dargestellt am Beispiel des 'Talâq' im Iran", Islamkundliche Abhandlungen (= Festschrift Kissling), München 1974, S. 49-62

Dirks, S.: Islam et Jeunesse en Turquie d'Aujourd'hui, Lille und Paris 1977

Ecer, A.V.: "Türk kültürünün tetkikinde fetva kitaplarının önemi", Türk Kültürü 8.1970.400-405

d'Emilia, A.: Scritti di diritto islamico, Roma 1976

Ende, W.: "Ehe auf Zeit (mut'a) in der innerislamischen Diskussion der Gegenwart", Welt des Islam 1-2.XX.1980

Erbakan, N.: Millî Görüş. Mecliste Millî Görüş Açısından üçüncü beş yıllık plan'ın tenkidi, Ankara 1973

Fernau, F.W.: "Die politischen Parteien der zweiten türkischen Republik. Eine Übersicht über ihre Entwicklung", Orient 3.18.1977.87-114

Franz, E.: "Die politische Krise der Türkei im Spiegel der Legislaturwahlen vom Juni 1977", Orient 4.18.1977.74-92

Gardet, L.: Islam, Köln 1968

Gibb, H.A.R. und H. Bowen: Islamic Society and the West, Oxford 1957 (2. Aufl.)

Hartmann, R.: Die Religion des Islam, Berlin 1944

Heffening, W.: Das islamische Fremdenrecht bis zu den islamisch-fränkischen Staatsverträgen, Hannover 1925

Heffening, W.: "Zum Aufbau der islamischen Rechtswerke", Studien zur Geschichte und Kultur des Nahen und Fernen Ostens (= Festschrift Kahle) Leiden 1935, S. 101-118

Heyd, U.: "Some Aspects of the Ottoman Fetva", Bulletin of the School of Oriental and Asian Studies 32.1969.35-56

Hinderink, J. und M.B. Kiray: Social Stratification as an Obstacle to Development. A study of four Turkish villages, New York, Washington und London 1970

Hirsch, E.: "Laizismus (Layiklik) als verfassungsrechtlicher Begriff in der Türkischen Republik", Orient 3.15.1974.106-112

Hottinger, A.: "Identitätskrise in der Türkei. Was bleibt vom Geist der Reformen Atatürks?", Europa-Archiv 35.1980.41-48

Işık, H.H.: Tam Ilmihâl. Se'âdet-i Ebediyye, Istanbul 1979 (22. Aufl.)

İğdemir, U. u.a.: Atatürk. Hrsg. von der Türkischen Nationalen Kommission für UNESCO, Istanbul 1963

Jacob, P.X.: L'enseignement religieux dans la Turquie moderne, Berlin 1982

Jäschke, G.: "Der Islam in der neuen Türkei", Welt des Islam N.S. I. 1951.1-174; II.1953.276-285

Juynboll, Th.W.: Handbuch des islâmischen Gesetzes nach der Lehre der schâfiitischen Schule, Leiden und Leipzig 1910

Kissling, H.J.: "Zur Geschichte der Rausch- und Genußgifte im Osmanischen Reiche", Südost-Forschungen 16.1957.342-356

Kreiser, K.: " '... dan die Türckhen leiden khain Menschen Pildnuss'. Über die Praxis des 'Bilderverbots' bei den Osmanen", Fifth Congress of Turkish Art, hrsg. von G. Feher, Budapest 1978, S. 549-556

Krüger, H.: Fetwa und Siyar. Zur internationalrechtlichen Gutachtenpraxis der osmanischen Şeyh ül-Islâm vom 17.-19. Jh., Wiesbaden 1978

Landau, J.M.: "The National Salvation Party in Turkey", Asian and African Studies 1.11.1976

Landau, J.M.: Radical Politics in Modern Turkey, Leiden 1974

Lewis, B.: The Emergence of Modern Turkey, London 1966

Lewis, B.: "Islamic Revival in Turkey", International Affairs XXVIII. 1952.38-48

Majer, H.G.: Vorstudien zur Geschichte der Ilmiye im Osmanischen Reich, München 1976

Nune, E.: "Il parere giudico (fatwà) nel diritto musulmano", Oriente Moderno 24.1944.27-35

Oehring, O.: "Strafrechtlicher Bevölkerungsschutz und Bevölkerungsplanung in der Türkischen Republik", Orient 3.21.1980.345-370

Rahman, A.: Banking and Insurance, London 1979 (= Economic Doctrines of Islam Vol. 4)

Reed, H.A.: "Revival of Islam in Secular Turkey", The Middle East Journal VIII.1954.267-288

Scarcia Amoretti, B.:"Due Osservazioni sul Modernismo Islamico", Annali della Facoltà di Lingue e Litterature Stranieri di Ca'Foscari (Venezia - Brescia) 3.15.1976.25-40

Schacht, J.: An Introduction to Islamic Law, Oxford 1966 (2. Aufl.)

Schacht, J.: "Islamic Religious Law", Schacht/Bosworth (Hrsg.), The Legacy of Islam, Oxford 1974 (2. Aufl.), S. 392-403

Snouck Hurgronje, C.: Verspreide Geschriften, 6 Bde. Bonn und Leipzig 1923-27

Starr, J.: Dispute and Settlement in Rural Turkey. An Ethnography of Law, Leiden 1978

Stirling, P.: "Religious Change in Republic Turkey", The Middle East Journal XII.1958.395-408

Thomä-Venske, H.: Islam und Integration, Hamburg 1981

Wielandt, R.: Offenbarung und Geschichte im Denken moderner Muslime, Wiesbaden 1971

REGISTER

Aberglaube   79, 80 ff., 85, 92, 103, 111

al-Afghani   35, 92, 121

Alkohol   27, 37, 39, 46, 59, 63 ff., 72, 109 f., 112, 113, 118, 125

Amulett   81, 123

Atatürk   11, 14, 87, 96, 102, 119, 122

Barnabas-Evangelium   125

Bart   27, 67, 69, 120

Bāṭinīya   77 f., 122

Begräbnis   79

Blutgeld   54 f., 115

Bodenrecht   41, 110

Christen   21, 70, 83 ff., 89, 104, 124 f.

Chruschtschow   75, 122

Dār al-Ḥarb   50, 54, 57, 59, 69, 86 f., 115, 125 f.

Dār al-Islām   50, 54, 55, 69, 86 f., 115, 125f.

Derwische   12, 75 ff., 81, 122

Deutschland (Bundesrepublik)   70, 104, 126

Diyanet İşleri Başkanlığı   12, 13, 14, 15, 42, 51, 60, 89, 103, 109, 110, 126

Doğan, Lütfi   13, 51, 103

Dogma   13, 33, 34, 40, 47, 76, 88, 90, 121, 127

Dschinn   74, 81, 122

Ebû Suʿûd   7, 36, 41, 108, 112, 115, 120, 121, 122

Engel   47, 74

Erbakan   23, 105

Erwerbsgesellschaft   60, 117   (siehe auch Muḍaraba)

Familie   11, 24, 44, 48 ff., 53, 65, 91, 93, 97, 111 f.

Fußball   71, 80, 121

Gebetsruf   79, 80

Geburtenkontrolle   15, 51 ff., 75, 108, 114

Gemeinde   9, 37, 78, 109

al-Ghazzali   29, 35

Glücksspiel   71, 79

Götzen, -diener   59, 66, 68, 70, 74, 80, 92, 123

Gruß   49, 78, 84, 114

Ḥadd   54, 63

Hodscha   24, 27, 41, 47, 54, 63

Ibn Taimīya   42, 110

Ideologie   1, 9, 21, 50, 53, 83, 84, 92 f., 126 f.

Imam   21, 22, 26, 27, 28, 42, 47, 57, 69, 89

Iran   87 f.

Juden   21, 70, 83 ff., 104, 108, 112, 124, 125

Kadi   7, 9, 36, 45, 49

Kāfir   7, 33, 34, 46, 47, 57, 59, 65, 83 ff., 94, 102

Kalif, Kalifat   6, 11, 42, 84

Kapitalismus   14, 56, 60 f., 84, 93, 105

Kommunismus   14, 21, 22, 56, 84, 93, 105

Kopftuch   27, 50, 67, 119

Kredit   41, 57, 61, 97

Laizismus   11, 13, 23, 41, 43, 57, 59, 63, 86, 87, 88f., 102, 103, 126 f.

Leichengebet, -klage   siehe Begräbnis

Liberalismus   35, 93

Malthus   51, 107

Māturīdī   88

Menderes   12, 13

Miete 56, 60

Milchverwandtschaft 15, 42, 45, 112

Millî Görüş 21, 23, 101, 105 f., 113

Millî Selamet Partisi siehe Nationale Heilspartei

Mond 40, 75, 122

Muḍaraba 61 f., 117

Mufti 4-9, 12, 14, 15, 16, 29, 63, 89, 100, 101, 103, 107

Musik 44, 71 f., 112

Nationale Heilspartei 1, 18, 21-23, 103, 104 f., 124

Nationalismus 11, 12, 22

Philosophie 31, 38, 73 ff., 77, 90

Photographie 66, 97 f., 127

Präsidium für Religiöse Angelegenheiten siehe Diyanet İşleri Başkanlığı

Rauschgift 9, 40, 59, 84, 117, 124

Rechtsschulen 4, 5, 7, 34 f., 104, 113, 118, 121
- hanafitisch 28, 29, 30, 31, 39, 42, 54, 58, 69, 87, 88, 104, 109 f., 118
- hanbalitisch 28, 42, 110
- malikitisch 28
- schafiitisch 8, 28, 39, 110

Reform 2, 11, 92, 96

Reislamisierung 2, 12, 102 f.

Schiiten 35, 88

Schleier siehe Kopftuch

Schmuck 68 f., 120

Schweinefleisch 59, 69 f.

Sexualität 27, 38, 44, 48, 78, 81, 109

Şeyh ül-İslâm 5, 6, 7, 11, 12, 14, 16, 42, 104

Tabak 9, 65 f., 118 f.

Takfīr   siehe Kāfir

Testament   52, 110

Teufel   34, 35, 38, 42, 80, 93, 127

Tonband   33, 107

Traum   76, 80

Turban   68, 119

Ulema   4-8, 9, 11, 66, 69, 76, 84, 92, 101, 102, 127

Umma   12, 35, 89, 91, 92

Unzucht   43, 44, 54, 66, 80, 94, 112, 115

Verstoßung   15, 45 f., 113

Wein   siehe Alkohol

Westen   22, 23, 38, 47, 49, 67, 73 ff., 83 ff., 102

Wunder   76, 83

Zahnkronen, -füllungen   15, 39

Zehnt   41, 110

Zeuge   34, 36, 55

Zigeuner   44, 80, 111

Zinsen   23, 57 ff., 84, 116 f.

Bei Fragen zur Produktsicherheit wenden Sie sich bitte an:
If you have any questions regarding product safety,
please contact:

Walter de Gruyter GmbH
Genthiner Straße 13
10785 Berlin
productsafety@degruyterbrill.com